职业教育"十三五"理实一体化系列规划教材

汽车电气设备构造与维修

主　编　苏子丹　郑强强
副主编　陈东成　农时普　史俊涛
参　编　张　超　黄广益　梁童健
　　　　杜全侠　谭凌仕　王洪柳
　　　　李敬梅

北京理工大学出版社
BEIJING INSTITUTE OF TECHNOLOGY PRESS

内容简介

汽车电气设备构造与维修是针对汽车机电维修与保养技师岗位的一门核心课程，主要围绕汽车电气基础知识、汽车电源系统、汽车起动系统、汽车照明与信号系统、汽车辅助电气设备系统检修等内容展开，并通过实际企业维修车间作业开展教学。

本书共76课时，除基础理论学习外，学生通过查阅维修资料、分析电路，学习查阅维修资料的方式方法；通过动手对汽车电器部件的拆装，学习基础电器各部件的安装位置和构造；通过实习故障分析，学习各部件的作用和原理，从而达到锻炼动手操作能力和故障分析能力。

本书可作为高等职业学校汽车运用与维修专业的教材，还可供汽车维修人员、驾驶人员阅读参考。

版权专有　侵权必究

图书在版编目（CIP）数据

汽车电气设备构造与维修/苏子丹，郑强强主编．—北京：北京理工大学出版社，2017.10（2022.8 重印）
　ISBN 978-7-5682-4902-7

　Ⅰ．①汽⋯　Ⅱ．①苏⋯　②郑⋯　Ⅲ．①汽车－电气设备－构造－岗位培训－教材　②汽车－电气设备－车辆修理－岗位培训－教材　Ⅳ．①U472.41

　中国版本图书馆 CIP 数据核字（2017）第 240641 号

出版发行 /	北京理工大学出版社有限责任公司
社　　址 /	北京市海淀区中关村南大街5号
邮　　编 /	100081
电　　话 /	（010）68914775（总编室）
	（010）82562903（教材售后服务热线）
	（010）68944723（其他图书服务热线）
网　　址 /	http://www.bitpress.com.cn
经　　销 /	全国各地新华书店
印　　刷	廊坊市印艺阁数字科技有限公司
开　　本 /	787毫米×1092毫米　1/16
印　　张 /	9
字　　数 /	212千字
版　　次 /	2017年10月第1版　2022年8月第3次印刷
定　　价 /	27.00元

责任编辑 / 赵　岩
文案编辑 / 梁　潇
责任校对 / 周瑞红
责任印制 / 李志强

图书出现印装质量问题，请拨打售后服务热线，本社负责调换

前言

随着生活水平的提高，人们对汽车的要求也不断上升，汽车电气设备是汽车的重要组成部分，其性能的好坏直接影响汽车的动力性、经济性、可靠性、安全性和舒适性。随着汽车结构的改进与性能的不断提高，汽车上装用的传统电气设备面临着巨大的冲击。近年来，电子工业的飞速发展，特别是大规模集成电路及微型计算机的应用，大大推动了汽车电气的发展，使汽车电气发生了巨大变革。因此，本书不但编写了传统汽车电器部件，也编写了比较先进的汽车电器部件。

本书共分六章，每个模块由学习目标、理论知识、技能训练、课后习题组成，全面、系统地阐述了汽车电气设备在现代车辆上的应用情况。本书简单介绍汽车电气设备的基础知识，重点阐述蓄电池、交流发动机、起动机、照明与信号系统、仪表及显示系统、汽车辅助电气设备等部分的结构与工作原理，并对各部分的检修进行简单介绍，重点介绍汽车电器的识图、电路分析和检修方法等内容。

在编写本书过程中，编者参考了大量国内外技术资料，得到了同行的大力支持，在此谨向所有参考资料的作者及编写同志们表示感谢。

由于编者水平及编写时间有限，书中难免存在不妥和遗漏之处，恳请广大读者批评指正。

编 者

目 录

第1章 认识汽车电气设备 ······ 1
1.1 汽车电气设备基本功能检查 ······ 1
训练1 汽车照明信号系统、刮水器、车窗检查 ······ 3
训练2 汽车仪表认识 ······ 6
1.2 汽车电气识图 ······ 8
训练 画简单的系统电路图 ······ 15
1.3 点火开关检测 ······ 16
训练 汽车点火开关及继电器的检测 ······ 17

第2章 检修汽车电源系统 ······ 20
2.1 蓄电池检测 ······ 20
训练 蓄电池的拆装与检测 ······ 23
2.2 发电机检修 ······ 25
训练 发电机的更换与检测 ······ 30

第3章 检修汽车起动系统 ······ 35
3.1 起动机拆装检修 ······ 35
训练 起动机拆装及检测 ······ 43
3.2 汽车起动系故障检修 ······ 48
训练1 起动系线路连接 ······ 49
训练2 起动系故障诊断排除 ······ 51

第4章 检修照明与信号系统 ······ 54
4.1 前照明灯故障检修 ······ 54
训练1 前照明灯总成更换 ······ 58
训练2 前照灯故障检修 ······ 61
训练3 前雾灯故障检修 ······ 63

目 录

4.2 转向信号系统检修 ··· 65
　　训练 1　转向危险警告灯故障检修 ····················· 66
4.3 制动灯、倒车灯检修 ······································ 69
　　训练 1　后尾灯总成更换 ································· 71
　　训练 2　制动灯、倒车灯故障检修 ····················· 73
4.4 喇叭故障检修 ··· 76
　　训练 1　喇叭按钮的更换 ································· 77
　　训练 2　喇叭故障检修 ···································· 79
4.5 电控前照灯介绍 ·· 81

第 5 章　检修汽车辅助电气设备系统 ·················· 85

5.1 风窗清洗装置检修 ··· 85
　　训练 1　电动刮水器的更换 ······························ 95
　　训练 2　风窗玻璃清洗装置检修 ························ 97
5.2 玻璃升降系统检修 ··· 99
　　训练 1　玻璃升降器的更换 ···························· 104
　　训练 2　玻璃升降系统的检修 ························· 105
5.3 中控门锁系统检修 ······································· 108
　　训练 1　车门锁总成的更换 ···························· 113
　　训练 2　中控门锁系统的检修 ························· 114

第 6 章　认识其他系统 ····································· 119

6.1 信息娱乐系统介绍 ······································· 119
6.2 安全气囊系统介绍 ······································· 122
6.3 巡航控制系统介绍 ······································· 126
6.4 后视镜、天窗系统介绍 ································· 129

第1章 认识汽车电气设备

（1）能够描述汽车基础电器的分类组成、各主要部件的功能。
（2）能够描述原厂电路的特点。
（3）能够正确使用汽车基础电器。
（4）能够正确识读电路图。
（5）能够独立完成汽车电气设备的功能检查。
（6）能够使用万用表判断点火开关和继电器的好坏。

1.1 汽车电气设备基本功能检查

知识目标：
（1）能够描述汽车电气设备的基本组成。
（2）能够描述汽车电气设备的特点。
（3）能够描述汽车仪表的指示灯的名称。
技能目标：
（1）能够正确使用汽车电气设备。
（2）能够独自完成汽车电气的功能检查。
（3）能够识别汽车仪表显示的指示灯。

1. 汽车电气设备的组成部分

汽车电气设备主要由电源系统、配电控制部分（包括线路）和用电设备系统三大部分组成。

1）电源系统

为电路提供所需电能的装置称为电源。电源将非电能（化学能、机械能）转换为电能，并向电路提供能量。

汽车上主要有两个电源，分别是蓄电池（图 1-1）和发电机（图 1-2），其中蓄电池是辅助电源，发电机是主要电源。发动机不工作时，由蓄电池供电；发动机起动后，由发电机供电。发电机向用电设备供电的同时，也给蓄电池充电。

图 1-1　蓄电池

图 1-2　发电机

2）配电控制部分

配电控制部分用来控制用电设备或系统工作。配电控制系统的电器元件主要有熔断器、易熔线、继电器、开关、导线等，如图 1-3 所示，还包括各种压力开关、温控开关和各种电子控制器件、模块等。其中，导线用于连接各种装置和设备构成汽车电路。

图 1-3　熔断器、易熔线、继电器、导线

3）用电设备系统

用电设备系统有起动系、点火系、照明及信号仪表、报警及显示装置、舒适与安全装置等系统，部分用电设备如图 1-4 所示。

图 1-4　起动机与喇叭

2. 汽车电气设备的特点

汽车电气设备与普通的电气设备相比,有以下特点。

1) 采用直流电

由于传统汽车上的电源是蓄电池,发电机给蓄电池充电也必须使用直流电,所以汽车上的用电设备均采用直流用电设备。

2) 采用低压电源

传统汽车电气系统的额定电压一般为12V,重型柴油车多采用24V电源。

3) 采用单线制

普通的电气系统必须有两条导线,一条为火线,一条为零线,这样才能构成回路,使电气设备正常工作。而汽车的底盘及发动机由金属制造,具有良好的导电性,故可以使用一条导线作为公共导线使用。

4) 负极搭铁

对于直流电系统,理论上正极或负极都可以搭铁,但按照国际惯例,汽车电气系统一定为负极搭铁。

3. 汽车仪表信号指示

汽车仪表用来监视汽车的各种工作情况,主要包括电流表、电压表、水温表、车速里程表、发动机转速表、各种警告灯(电子显示装置)等,如图1-5所示。

开启点火开关并点亮仪表背景灯,观察组合仪表的显示,此时组合仪表上机油压力警告灯、发动机故障指示灯、充电指示灯、驻车制动灯应点亮或闪亮;汽车启动后机油压力警告灯、发动机故障指示灯、充电指示灯应熄灭。

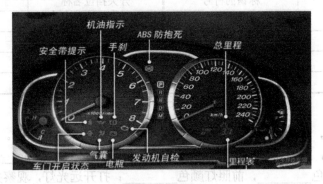

图1-5 汽车仪表

 技能训练

训练1 汽车照明信号系统、刮水器、车窗检查

1. 训练准备

(1) 设备准备:五菱宏光轿车两台、汽车电器实训台架、汽车万用表、常用拆装工具。

（2）资料准备：五菱宏光 2014 款维修手册。

2. 照明信号系统

1）照明信号灯开关使用

照明信号开关安装在方向盘左下侧，如图 1-6 所示，由灯光总开关、变光开关、雾灯开关和转向灯开关四个开关组合而成。转动外层的灯光总开关可以开小灯、前照灯；转动内层的雾灯开关可以开雾灯；扳起或按下变光开关可以进行远近光切换；往左或往右操作转向灯开关可以控制转向灯。

图 1-6 五菱宏光照明总开关图

2）分组练习

将学生分成几组，各组依次在车上练习灯光开关的操作，并将相应的符号记录下来填入表 1-1 中。

表 1-1 开关挡位和符号认识训练

开关挡位名称	标识的符号	开关挡位名称	标识的符号
灯光总开关		前雾灯	
小灯挡位		后雾灯	
前照灯（近光）		转向灯开关	
前照灯（远光）			

3）训练检验

通过技能训练，了解照明灯的分类、颜色与用途，并完成知识填空。

（1）打开小灯，观察并记录指示灯颜色_____，小灯颜色_____；打开前照灯，观察并记录指示灯颜色_____，前照灯颜色_____；打开远光灯，观察并记录指示灯颜色_____，远光灯颜色_____；打开超车灯，观察并记录指示灯颜色_____，超车灯颜色_____。

（2）打开前雾灯，观察并记录指示灯颜色_____，前雾灯颜色_____；打开后雾灯，观察并记录指示灯颜色_____，后雾灯颜色_____。

（3）打开牌照灯，观察并记录指示灯颜色_____，牌照灯颜色_____。

（4）打开顶灯，观察并记录顶灯颜色_____。

（5）打开仪表，观察并记录仪表所有灯的颜色_____，有_____个指示灯是仪表亮后 5s 自动熄灭的。

（6）打开行李箱提示，观察并记录行李箱提示的颜色_____。

（7）打开左转向灯，观察并记录指示灯颜色_____，左转向灯颜色_____，有_____个灯点亮。打开右转向灯，观察并记录指示灯颜色_____，右转向灯颜色_____，有_____个灯点亮。打开危险警告灯，观察并记录有_____个灯点亮。

（8）打开示宽灯，观察并记录指示灯颜色_____，示宽灯颜色_____，有_____个灯点亮。

（9）踩下制动踏板，观察并记录制动指示灯颜色_____，制动灯颜色_____，有_____个灯点亮。

（10）踩住制动踏板，挂入倒挡，观察并记录指示灯颜色_____，左转向灯颜色_____。

3. 刮水器系统检查

1）刮水器开关使用

刮水器开关安装在方向盘右下侧，如图1-7所示，至下往上挡位依次为OFF关闭挡、INT间歇挡、LO低速挡和HI高速挡，向上提起手柄喷水同时挂动刮水器。

图 1-7　刮水器开关

2）分组练习

将学生分成几组，各组依次在车上练习灯光开关的操作，并将相应的符号记录下来填入表1-2中。

表1-2　刮水器开关认识和功能检查训练

开关挡位名称	标识的符号	动作情况
关闭挡		
低速挡		记录30s内刮水的次数：_____
间歇挡		记录30s内刮水的次数：_____，有间歇时间调整的调整到其他时间，并记录30s内刮水的次数：_____
高速挡		记录30s内刮水的次数：_____
清洗后风窗玻璃		记录动作：_____
清洗前风窗玻璃		记录动作：_____

4. 电动车窗的功能检查

1）电动车窗开关使用

电动车窗系统由车窗、升降器、电动机、继电器、开关等组成。开关从左到右、从上到下分别是车窗锁开关、左侧车窗总开关（AUTO 为一键升降功能）（图 1-8）、右侧车窗开关（图 1-9）。勾起车窗开关车窗升起，按下车窗开关车窗降下；若按下车窗锁，则只有驾驶员侧车窗可以升降，其他车窗则不能升降。

图 1-8 左车窗总开关

图 1-9 右侧车窗开关

2）分组练习

将学生分成几组，各组依次在车上练习车窗开关的操作，并将相应的符号记录下来填入表 1-3 中。

表 1-3 车窗开关认识和功能检查训练

开关挡位名称	标识的符号	动作情况
驾驶员侧左车窗开关		勾起车窗开关，左车窗动作为_____； 按下车窗开关，左车窗动作为_____； 勾一下车窗开关，左车窗会_____； 压一下车窗开关，左车窗会_____
驾驶员侧右车窗开关		勾起车窗开关，右车窗动作为_____； 按下车窗开关，右车窗动作为_____
驾驶员车窗锁开关		按下车窗锁开关，则 勾起或按下左车窗开关，左车窗动作为_____； 勾起或按下右车窗开关，右车窗动作为_____； 勾起或按下副驾驶员车窗开关，右车窗动作为_____
副驾驶员车窗开关		勾起车窗开关，右车窗动作为_____； 按下车窗开关，右车窗动作为_____

训练 2 汽车仪表认识

1. 训练准备

（1）设备准备：五菱宏光轿车两台、汽车电器实训台架、汽车万用表、常用拆装工具。

(2)资料准备：五菱宏光 2014 款维修手册。

2. 仪表指示灯的意义

将点火开关分别置于 LOCK、ACC、ON 挡位位置，分别点亮仪表灯，了解仪表指示灯的表示意义。

(1)转前照灯开关到第二挡前照灯位置，此时前照灯亮（近光灯和远光灯都属于前照灯），仪表_____灯点亮。

(2)将灯光开关手柄向下按下，仪表_____灯点亮；扳起灯光开关手柄，仪表_____灯点亮。操纵变光开关可以切换近光灯与远光灯。

(3)若要左转向时，向下拨动转向灯开关，左前和左后转向灯以一定的频率闪烁，此时仪表_____灯也以一定的频率闪烁。

(4)若要右转向时，向上拨动转向灯开关，右前和右后转向灯以一定的频率闪烁，此时仪表_____灯也以一定的频率闪烁。

(5)若需要紧急停车时，按下危险警告灯开关，前后左右所有转向灯全部以一定的频率闪烁，此时仪表_____灯和_____灯也同时以一定的频率闪烁。

(6)转前照灯开关到第二挡前照灯位置，此时前照灯亮；接着打开前雾灯开关，前雾灯亮，仪表_____灯点亮；接着打开后雾灯开关，后雾灯亮，仪表_____灯点亮。

3. 汽车仪表指示灯的认识

仪表指示灯是反映车辆状态信息的重要电器元件，同时也反映外部各系统的工作情况，不同的仪表指示灯有着不同的表示意义，如表 1-4 所示。

表 1-4　常见仪表指示灯颜色和意义

序号	仪表指示灯符号及功能		指示灯颜色	起动后如点亮，表示的含义	备注
1	(BRAKE)	驻车制动指示灯			
2	(ABS)	ABS 故障指示灯			
3		机油压力指示灯			
5		燃油液位警告灯			
6		发动机故障指示灯			

续表

序号	仪表指示灯符号及功能		指示灯颜色	起动后如点亮，表示的含义	备注
7		充电指示灯			
8		安全带未系指示灯			
9		车门未关指示灯			
10		驻车指示灯			
11		SRS 安全气囊故障指示灯			
12		水温警报指示灯			
13		防盗指示灯			
14		倒车雷达系统故障指示灯			

1.2 汽车电气识图

 学习目标

知识目标：
能够描述原厂电路图中示例的含义。

技能目标：
能够对汽车电路图进行拆分。

理论知识

1. 五菱汽车电路图识读方法

五菱汽车电路图如图 1-10 所示。

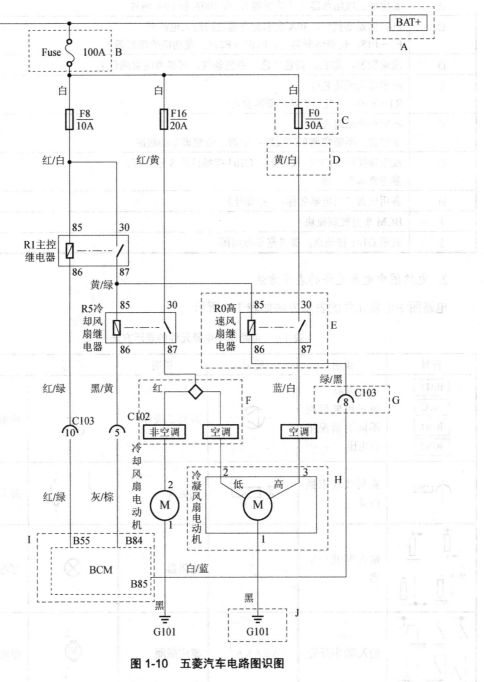

图 1-10　五菱汽车电路图识图

对电路图 1-10 中标识的内容解释如表 1-5 所示。

表 1-5 五菱汽车电路图内容解释

字符	解释
A	顶部水平线：电源线 电源线种类：BAT+、IGN1、IGN2、ACC。具体参考供电方式
B	蓄电池正极熔断器（总熔断器），有 100A 和 80A 两种
C	F0：熔断器代码，30A 表示允许通过的最大电流值 F1～F18：仪表熔断器盒；F101～F216：发动机舱熔断器盒
D	线束颜色，黄/白：黄色底色、白色条纹。可参考线束颜色表
E	继电器代码及名称 R1～R10：在发动机舱熔断器盒内
F	不同车型线路选择 非空调：不带空调车的线路；空调：带空调车的线路
G	线束接插件（C101～C402），C103 接插件的 8 号针脚。 参考整车布局图
H	各用电器（用电器名称，针脚号）
I	BCM 车身控制模块
J	表示 G101 接地点；参考整车布局图

2. 电路图中电器元件的表示方法

电路图中电器元件的表示方法如表 1-6 所示

表 1-6 电路图中电器元件的表示方法

符号	说明	符号	说明	符号	说明
BAT+ ACC IGN1 IGN2	电压指示 表示熔断器在不同的情况下有电压		发光二极管	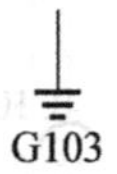 G103	接地
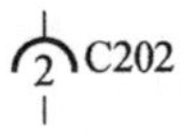 C202	直列式线束插接器	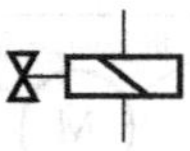	电磁阀	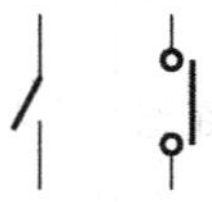	开关
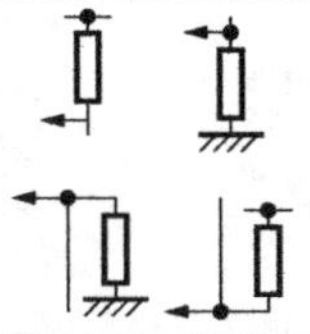	输入/输出电阻器		电阻器		灯泡
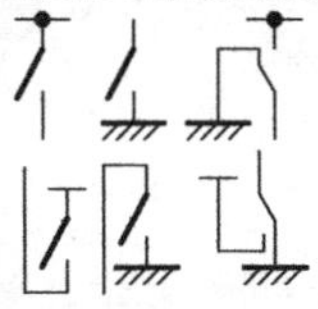	输入/输出开关		感应磁圈	 M	电动机

符号	说明	符号	说明	符号	说明
▯	熔断器	▽	喇叭	▭	继电器

3. 电路图中常用字母的含义

在五菱汽车电路图中，大写字母"C"开头的表示插接器，大写字母"F"开头的表示熔断器，大写字母"G"开头的表示搭铁点。

4. 电源供给线路的种类

汽车的电源线可分为常电源线、点火相关用电设备供电线、辅助用电设备供电线和起动机供电线四种。在电路图中常电源线使用"BAT+"表示，点火相关用电设备供电线用"IGN"表示，辅助用电设备供电线用"ACC"表示，起动机供电线用"ST"表示。

5. 连接内插脚的编号

为清楚地表示插接器中各导线的情况，通常都对插接器内的导线插脚进行编号，以便在进行电路的检查时，尽快找到插接器中的各条导线，编号方法如图1-11所示。

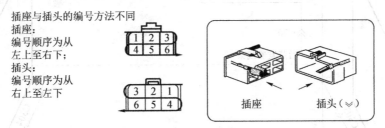

图1-11 插接器的编号方法

注意：所有插接器都显示其开口端，锁扣则在顶上。

例如：接插件C901的4号针脚，如图1-12所示。

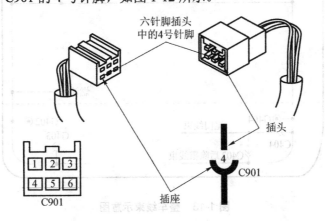

图1-12 插接器中符号和数字的含义

6. 整车线束示意图

五菱整车线束示意图，如图 1-13 所示。

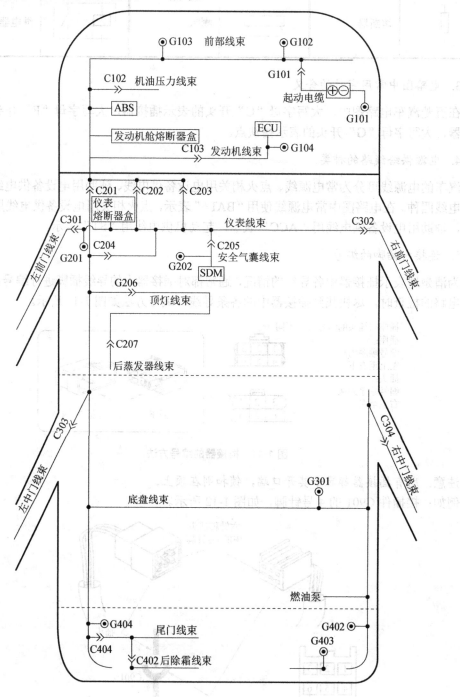

图 1-13 整车线束示意图

7. 发动机舱熔断器盒

(1) 发动机舱熔断器和继电器的布局,如图 1-14 所示。

(2) 发动机舱熔断器及继电器的使用说明,如表 1-7 和表 1-8 所示。

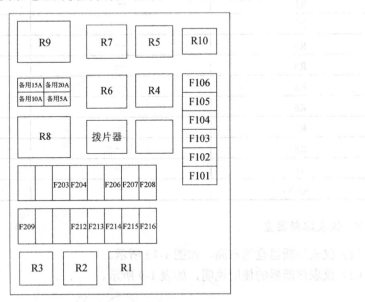

图 1-14 发动机舱熔断器和继电器布置图

表 1-7 发动机机舱熔断器的使用说明

熔断器	电流/A	说明
F101	50	BCM1 熔断器
F102	40	ABS 熔断器
F103	25	ABS 熔断器
F104	40	高速风扇熔断器
F105	20	暖风机熔断器
F106	50	BCM2 熔断器
F203	15	近光灯熔断器
F204	15	远光灯熔断器
F206	5	继电器控制熔断器
F207	5	ABS 模块熔断器
F208	15	ECM 电喷熔断器
F209	30	起动机熔断器
F212	20	低速风扇熔断器
F213	15	油泵熔断器
F214	15	前雾灯熔断器
F215	10	喇叭熔断器
F216	10	压缩机熔断器

表 1-8 发动机机舱继电器的使用说明

继电器	电流	说明
R1	—	压缩机继电器
R2	—	远光灯继电器
R3	—	近光灯继电器
R4	—	低速风扇继电器
R5	—	燃油泵继电器
R6	—	暖风机继电器
R7	—	前雾灯继电器
R8	—	高速风扇继电器
R9	—	主控继电器
R10	—	电喇叭继电器

8. 仪表熔断器盒

（1）仪表熔断器盒的布局，如图 1-15 所示。

（2）仪表熔断器的使用说明，如表 1-9 所示。

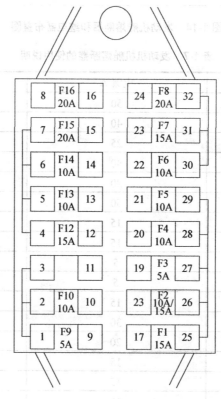

图 1-15 仪表熔断器的布局

表 1-9 仪表熔断器的使用说明

熔断器	电流/A	说明
F1	15	前刮水器
F2	15/10	倒车灯（豪华型为 15A）
F3	5	后视镜
F4	10	顶蒸发器
F5	20	除霜
F6	10	收放机
F7	15	点烟器
F8	20	车载电源
F9	5	组合仪表
F10	10	安全气囊
F12	15	顶灯
F13	15	警告灯
F14	10	制动灯
F15	20	中控门锁
F16	20	起动电动机

 技能训练

训练 汽车保险的查找与测量

1. 训练准备

（1）设备准备：五菱宏光轿车两台、汽车电器实训台架、汽车万用表、常用拆装工具。

（2）资料准备：五菱宏光 2014 款维修手册。

2. 熔断器和继电器位置查找

根据图 1-14 所示的电路图查出近光继电器和起动机熔断器，并用笔圈起来。

3. 熔断器检测

在发动机舱找到熔断的实物位置，并用万用表测量熔断器的好坏。

将万用表挡位置于电压挡，黑表笔搭铁，红表笔分别测量熔断器两端电压，分别为 _____、_____（带单位），由此可判断此熔断器 _____（填"正常"或"不正常"）。

1.3 点火开关检测

 学习目标

知识目标：
（1）能够叙述点火开关各个挡位的作用。
（2）能够描述继电器的工作原理。

技能目标：
（1）会使用万用表判断点火开关的好坏。
（2）会使用万用表判断继电器的好坏。
（3）能够依照起动系统电路图正确连接相应元器件。

 理论知识

1. 汽车点火开关挡位认识

（1）汽车点火开关主要包括四个挡位，如图1-16所示，它们的作用如下。

① LOCK 挡：在此挡位时点火钥匙可以自由拔出和插入，所有电气设备停止供电，拔出钥匙后锁止方向盘。

② ACC 挡：辅助电气设备供电挡，给收音机、车灯等辅助用电设备供电。

③ ON 挡：除了起动机，给全车其余的电气设备供电。

④ START 挡：起动发动机，给起动机和与发动机点火相关的用电设备供电，起动后会自动恢复正常状态也就是 ON 挡。

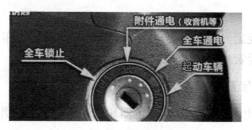

图 1-16 点火开关挡位

2. 汽车继电器结构认识

继电器的工作原理如图1-17所示，当电磁继电器线圈两端（"85"和"86"号针脚）加上一定的电压或电流后，线圈产生磁场，在磁场的作用下，衔铁被吸向铁心，从而推动常闭触点（"30"和"87a"）断开，常开触点（"30"和"87"）闭合；当线圈两端电压或电流小于一定值时，机械反力大于电磁吸力，衔铁回到初始状态，常开触点断开，常闭触点接通。

因此，可以把汽车继电器看成是由线圈工作的控制电路和触点工作的主电路两个部分组成的集合体。在继电器的控制电路中，电流较小，从而保护点火开关的触点不被烧蚀。

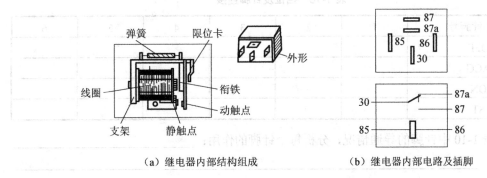

（a）继电器内部结构组成　　　　　（b）继电器内部电路及插脚

图 1-17　继电器内部结构及电路插脚布置

 技能训练

训练　汽车点火开关及继电器的检测

1. 训练准备

（1）设备准备：五菱宏光点火开关、继电器、灯泡、喇叭、导线、万用表。

（2）资料准备：五菱宏光 2014 款维修手册。

2. 点火开关的检测

（1）拆下点火开关其后的插接器，如图 1-18 所示。

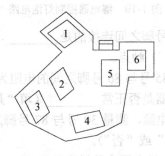

图 1-18　点火开关插接器

（2）将点火开关置于 OFF 挡，使用万用表分别测量其各针脚之间的电阻，并将导通的针脚用线条在表 1-10 中连接起来。

（3）将点火开关置于 ACC 挡，使用万用表分别测量其各针脚之间的电阻，并将导通的针脚用线条在表 1-10 中连接起来。

（4）将点火开关置于 ON 挡，使用万用表分别测量其各针脚之间的电阻，并将导通的针脚用线条在表 1-10 中连接起来。

（5）将点火开关置于 ST 挡，使用万用表分别测量其各针脚之间的电阻，并将导通的针脚用线条在表 1-10 中连接起来。

表 1-10 挡位及针脚连接

挡位\针脚号	1	2	3	4	5	6
OFF						
ACC						
ON						
ST						

根据表 1-10 中针脚的导通情况，分析每个针脚的作用：_____
_____
_____

3. 连接以下带继电器的实物电路并回答问题

（1）根据图 1-19 所示的电路，连接继电器控制的灯泡电路，并填空。

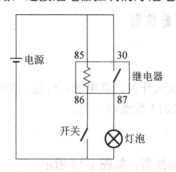

图 1-19 继电器控制灯泡电路

① 继电器中的 85 号与 86 号脚之间连接的是_____，30 号与 87 号脚之间连接的是_____（填"常开"或"常闭"）触点。

② 静态下利用万用表测试 85 号与 86 号脚之间的电阻为_____Ω，30 号与 87 号脚之间的电阻为_____Ω，此继电器是否正常_____（填"是"或"否"）。

③ 给 85 号与 86 号脚连接电源，测量 30 号与 87 号脚之间的电阻为_____Ω，此继电器是否正常_____（填"是"或"否"）。

④ 当电路中的开关断开时，继电器内的触点处于_____（填"断开"或"闭合"）状态，灯泡的状态为_____（填"亮"或"不亮"）。

⑤ 当电路中的开关闭合时，继电器内的触点处于_____（填"断开"或"闭合"）状态，灯泡的状态为_____（填"亮"或"不亮"）。

（2）根据图 1-20 所示电路，连接继电器控制的喇叭电路，并回答下面的问题。

① 开关与喇叭在电路中的连接方式为_____（填"并联"或"串联"）。

② 当开关处于闭合位置时，继电器内的触点为_____（填"闭合"或"断开"）状态；喇叭处于_____（填"工作"或"不工作"）状态。

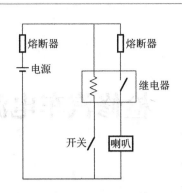

图1-20 继电器控制的喇叭电路

③ 喇叭工作时,利用万用表测量继电器线圈的工作电流为_____A,继电器触点的工作电流为_____A。

④ 根据电路图1-20简单描述喇叭工作的控制过程。
_____
_____
_____

课后习题

一、填空题

1. 汽车电气设备主要的三大组成部分:_____、_____和_____。
2. 汽车电气设备的特点:_____、_____、_____、_____。
3. 五菱宏光汽车灯光开关由_____、_____、_____、_____组合而成。
4. 在五菱汽车电路图中,大写字母"C"开头的表示_____;大写字母"F"开头的表示_____;大写字母"G"开头的表示_____。
5. 汽车点火开关由_____、_____、_____、_____四个挡位组成。

二、简答题

1. 如何对继电器进行检修?
2. 列出汽车仪表中四个红色的故障指示灯,并写出它们点亮时代表的含义。

第 2 章 检修汽车电源系统

（1）了解蓄电池的分类与功用。
（2）掌握蓄电池的结构组成及选用。
（3）熟悉汽车发电机的作用、结构及工作原理。
（4）熟悉维修手册。
（5）能正确拆装蓄电池。
（6）会对蓄电池进行正确使用与维护。
（7）能从车上拆装发电机。
（8）能正确解体、装配、检修发电机。
（9）能根据维修手册对发电机故障进行检修。

2.1 蓄电池检测

知识目标：
（1）了解蓄电池的分类与功用。
（2）了解蓄电池的结构组成及选用。
技能目标：
（1）能够正确拆装蓄电池。
（2）熟悉蓄电池的正确使用方法、维护方法与检查方法。

1. 蓄电池的认识

蓄电池是一种储存电能的装置，如图 2-1 所示，目前汽车上使用的蓄电池主要是铅酸蓄电池。

汽车蓄电池由若干单格电池组成，单格蓄电池的电压是 2V，12V 的汽车蓄电池由 6 个单格串联组成。单格电池由极板组（正极板、负极板和隔板）、电解液和加液孔塞组成。电解液的主要成分是硫酸。

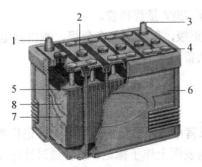

图 2-1　蓄电池结构图

1—负极柱；2—加液孔塞；3—正极柱；4—连接条；5—汇流条；6—外壳；7—负极板；8—隔板

蓄电池分为普通干荷蓄电池和免维护蓄电池，如图 2-2 和图 2-3 所示。从外观上看它们的主要区别是普通干荷蓄电池可以补充加注电解液，而免维护蓄电池不可以。

图 2-2　普通干荷蓄电池

图 2-3　免维护蓄电池

2. 蓄电池的功用

（1）发动机起动时作为电源给起动机供电。
（2）发电机发电时作为稳压器，以保持车辆电源电压的稳定。
（3）发电机过载时作为补充电源给车辆供电。

3. 蓄电池的检查

（1）免维护蓄电池观察窗的检查（图 2-4）。

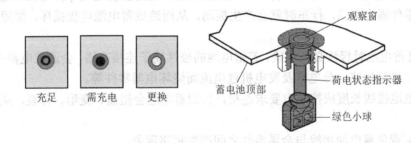

图 2-4　免维护蓄电池观察窗

电量充足时的颜色是绿色，需充电时的颜色是黑色，需更换时的颜色是白色。

(2) 使用万用表测量蓄电池正负极端电压。

① 关闭点火开关。

② 将万用表挡位调到直流 20V 量程挡位。

③ 将红表笔放在蓄电池正极，黑表笔放在负极，测出蓄电池电压应大于 12.5V。

(3) 使用容量测试仪测试蓄电池的容量。

4. 蓄电池的拆卸

1) 拆卸前的注意事项

更换旧蓄电池之前，注意蓄电池正负极的正确连接，记住蓄电池的正极连接位置。通常蓄电池的正负极符号都在电池表面上作了标记，或者通过比较正负极的尺寸大小，也可以很容易地区分正负极。尺寸较大的一极为正极（+），尺寸较小的一极为负极（-）。

5. 蓄电池的安装

1) 安装前检查金属零件

用新蓄电池更换旧蓄电池之前，由于泄漏的硫酸会造成接线腐蚀现象，所以可先用铁丝刷或砂纸清洗干净，涂上一些抗酸溶剂，再安装新蓄电池，如图 2-5 所示。如上述金属零件已严重腐蚀，则更换新零件。

图 2-5　蓄电池安装前的金属零件检查

2) 安装时的注意事项

安装或接线错误都会给蓄电池造成损害，因此安装时应注意如下事项。

(1) 务必将蓄电池装于适当位置上，连接极性必须正确。

(2) 固定蓄电池金属零件时不得使用过大的力矩，否则会使电气零件弯曲，造成电池损坏。如金属零件固定不当，行车时就会产生振动，从而造成蓄电池电极损坏，缩短蓄电池使用寿命。

(3) 连接蓄电池时极性必须正确。若蓄电池的极性端子连接有错，会造成电器零件损坏，诸如蓄电池二极管短路、分电器及发电机过电流而烧坏电器零件等。

(4) 蓄电池接线长度应按规定要求连接，否则蓄电池会扭曲、变形、开裂，从而造成电解液泄漏。

(5) 必须避免蓄电池接线与金属零件之间产生短路现象。

（6）务必将蓄电池的极性插头适当地固定于蓄电池端子上，然后在极性端子及螺钉上涂上一些润滑脂或凡士林，如图 2-6 所示。

图 2-6　蓄电池的安装示意图

2）蓄电池接线拆卸前的注意事项
（1）将蓄电池接线拆卸前，应放松电池接线螺钉。
（2）为了避免发生短路现象，首先应拆下接地[负极（-）]接线。

 技能训练

训练　蓄电池的拆装与检测

1. 训练准备

（1）设备准备：2014 款五菱荣光整车、常用拆装工具。
（2）资料准备：2014 款五菱荣光维修手册。

2. 蓄电池的更换

（1）如图 2-7 所示，拆除蓄电池正负极接头螺栓、螺母组合件，取下蓄电池电线。

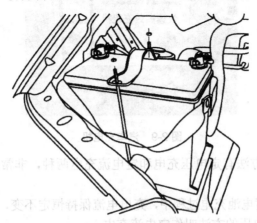

图 2-7　蓄电池的拆卸

（2）拆下蓄电池托架安装螺母。

(3)取下蓄电池。

注意：拆卸蓄电池前，务必关闭车上所有的电器开关。

3. 蓄电池的检测

(1)免维护蓄电池观察窗的检查，如图2-4所示。

电量充足时的颜色是_____，需充电时的颜色是_____，需更换时的颜色是_____。

(2)使用万用表测量蓄电池正负极端电压。

① 关闭点火开关。

② 将万用表挡位调到直流20V量程挡位。

③ 将红表笔放在蓄电池正极，黑表笔放在负极，测出蓄电池电压应大于12.5V。如图2-8所示，记录测量结果_____。

图2-8 用万用表检测蓄电池电压

4. 蓄电池的充电

当蓄电池电量不足时，可以使用充电机为蓄电池充电，汽车充电机如图2-9所示。

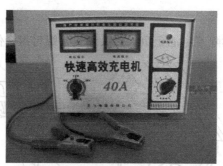

图2-9 汽车充电机

蓄电池的常规充电方法有定电压充电和定电流充电两种，非常规充电主要是脉冲快速充电。

(1)定电流充电：蓄电池充电过程中，充电电流保持恒定不变，随着蓄电池电动势的逐渐提高，逐步增加充电电压的方法叫作定电流充电。

(2)定电压充电：充电过程中，加在蓄电池两端的充电电压保持恒定不变的充电方法称为定电压充电。由于充电过程中充电机的输出电压不变，所以随着蓄电池电动势的逐渐提高，充电电流将逐渐减小至 0A,即说明蓄电池已经充满。

定电压的充电方式只要定下合适的充电电压,在充电过程中几乎不用维护,安全可靠方便。目前维修企业中使用的充电机和汽车上的发电机都是采用这种充电方式。

2.2 发电机检修

 学习目标

知识目标:
(1) 熟悉汽车发电机的作用、结构及工作过程。
(2) 熟悉汽车发电机的工作原理。
技能目标:
(1) 能从汽车上拆装发电机。
(2) 能正确解体、装配并检修发电机。
(3) 能根据维修手册对发电机的故障进行检修。

 理论知识

1. 发电机的功用

发电机是汽车的主要电源,其功用是在发动机正常运转时(怠速以上),向所有用电设备(起动机除外)供电,同时向蓄电池充电。

2. 发电机的安装示意图

如图 2-10 所示,发电机装在发动机的前端,依靠皮带带动。

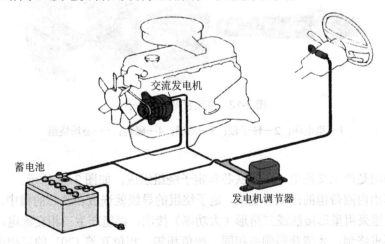

图 2-10 发电机的安装示意图

3. 交流发电机的结构

图 2-11 所示是整体式交流发电机的解体图,主要由定子、转子、电刷、整流器、前后机架、风扇及带轮等组成。

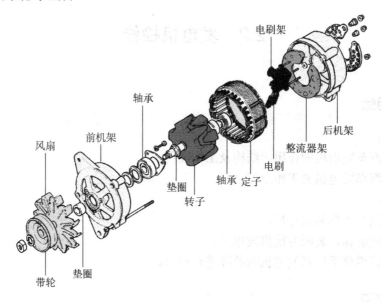

图 2-11 交流发电机的解体图

1)转子

转子的功用是产生旋转磁场,如图 2-12 所示,主要由爪极、磁轭、磁场绕组、集电环、转子轴等组成。

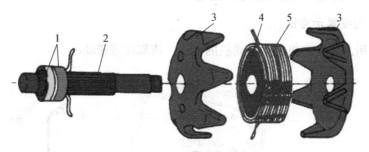

图 2-12 交流发电机的转子

1—集电环;2—转子轴;3—爪极;4—磁轭;5—磁场绕组

2)定子

定子的功用是产生交流电,定子铁芯和定子绕组组成,如图 2-13 所示。

定子铁芯由内圈带槽的硅钢片叠成,定子绕组的导线就嵌放在铁芯的槽中。定子绕组有三相,三相绕组采用星形接法或三角形(大功率)接法,都能产生三相交流电,三相绕组必须按一定的要求绕制,才能获得频率相同、幅值相等、相位互差 120°的三相电动势。

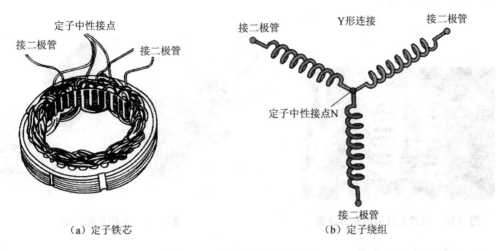

图 2-13 定子铁芯和定子绕组

3）整流器

交流发电机整流器的作用是将定子绕组的三相交流电变为直流电，如图 2-14 所示，交流发电机的整流器是由 6 只硅整流二极管组成的三相全波桥式整流电路，6 只整流管分别压装（或焊装）在两块板上。在正整流板上制有一个螺孔，称为"输出"端子安装孔，螺栓由此从后端盖引出，作为发电机的"输出"端子，该端子为发电机的正极，标记为"B"，负极端子标记为"E"。

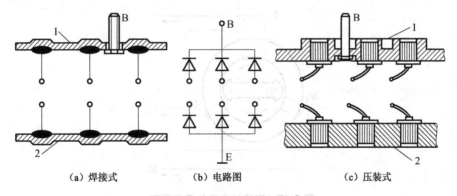

图 2-14 二极管安装示意图

1—正整流板；2—负整流板

4）带轮及风扇

交流发电机的前端装有带轮，由发动机通过风扇传动带驱动发电机旋转。在带轮的后面装有叶片式风扇。当发动机带动发电机高速旋转时，可使空气流经发电机内部，对发电机进行冷却。带轮及风扇的安装位置如图 2-15 所示。

5）电刷与电刷架

电刷的作用是将励磁电流通过集电环引入磁场绕组，而电刷架的作用是支撑电刷，如图 2-16 所示。

图 2-15 带轮及风扇的安装位置

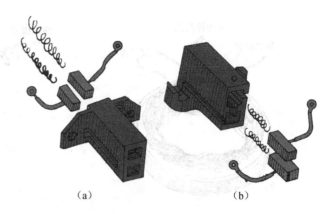

图 2-16 电刷与电刷架

4. 发电机的工作原理

1）发电机原理

当外加的直流电压作用在励磁绕组两端点的接线柱之间时，励磁绕组中便有电流通过，从而产生轴向磁场，使两块爪形磁极磁化，形成 6 对相间排列的磁极。磁极的磁力线经过转子与定子之间的气隙、定子铁芯形成闭合磁路。

当转子旋转时，磁力线和定子绕组之间产生相对运动，在三相绕组中产生交流电动势。如图 2-17 所示，由于三相绕组是对称绕制的，所以产生的三相电动势也是对称的。

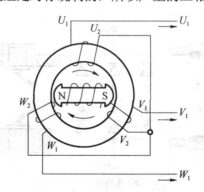

图 2-17 交流发电机的工作原理

每相绕组的电动势有效值的大小和转子的转速及磁极的磁通成正比，即

$$E_\Phi = C_1 n \Phi$$

式中，E_Φ ——电动势的有效值，单位为 V；

C_1 ——电动机常数；

n ——转子的转速，单位为 r/min；

Φ ——磁极磁通，单位为 Wb。

2)整流原理

交流发电机定子绕组中感应产生的交流电,是通过 6 只二极管组成的三相桥式全波整流电路将交流电变为直流电的。利用二极管的单向导电特性,便可把交流电变为直流电。二极管的导通原则如下。

如图 2-18 所示,由于 3 只正极二极管(VD_1、VD_3、VD_5)的正极分别接在发电机三相绕组的始端(A、B、C)上,它们的负极又连接在一起,所以 3 只正极二极管的导通原则是,在某一瞬间正极电位最高者导通。

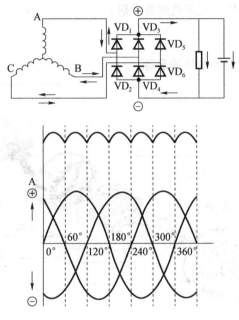

图 2-18 三相轿车整流电路

由于 3 只负极二极管(VD_2、VD_4、VD_6)的负极分别接在发电机三相绕组的始端,它们的正极又连接在一起,所以 3 只负二极极管的导通原则是,在某一瞬间负极电位最低者导通。三相轿车整流电路如图 2-18 所示,整流过程如图 2-19 所示。

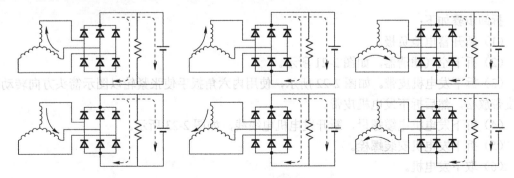

图 2-19 整流器的整流过程

技能训练

训练　发电机的更换与检测

1. 训练准备

（1）设备准备：2014款五菱荣光整车、常用拆装工具。

（2）资料准备：2014款五菱荣光维修手册。

2. 识读发电机结构

在图2-20的方框中标出各部件的名称。

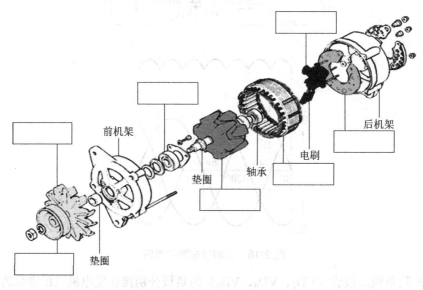

图2-20　发电机各部件名称

3. 发电机的更换

拆卸步骤如下：

（1）断开蓄电池负极。

（2）拆下空气滤清器，如图2-21所示。

（3）拆下发电机皮带。如图2-22所示，使用内六角扳手使张紧轮以图示箭头方向转动，使皮带放松，然后拆下发电机皮带。

（4）拆下发电机电缆螺母，断开发电机电缆线，如图2-23所示。

（5）拆下发电机安装螺栓。

（6）取下发电机。

安装步骤如下：

（1）将发电机安装孔与发动机上的安装孔对正，并插上螺栓。

（2）套上发电机皮带并调整张紧力到规定值。

(3) 拧紧发电机安装螺栓，拧紧力矩：45±5 N·m。
(4) 装上发电机电缆线，拧紧螺母，拧紧力矩：9 N·m。
(5) 插上发电机控制线插头。
(6) 安装空气滤清器，参考"进气系统的更换"。
(7) 接上蓄电池负极。
(8) 起动发动机，测试工作性能。

图 2-21 空气滤清器

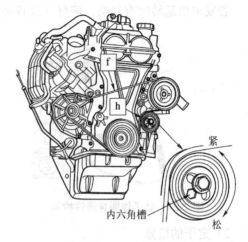

图 2-22 发电机皮带的拆卸

f—皮带；h—张紧轮

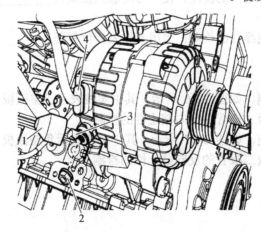

图 2-23 发电机拆卸图

1—保护盖；2—安装螺钉；3—发电机电缆线；4—发电机控制线插头

4. 发电机的检修

1) 转子的检修

(1) 励磁绕组的检修。

① 转子线圈导通性的检测：如图 2-24 所示，将万用表挡位调至_____量程，测量数值（单位_____）：_____；

② 转子线圈绝缘性的检测：如图 2-25 所示，将用万用表挡位调至_____量程，测量数值（单位）_____。

（2）转子轴和集电环的检修。

转子轴弯曲会使转子与定子之间因间隙过小而摩擦或碰撞，如发现发动机运转阻力过大或有异响，应检查转子轴是否弯曲。集电环表面应光滑、无烧蚀，厚度应大于 1.5mm。

（3）轴承的检修。

若发电机运转时有异响，应仔细检查是否因轴承损坏造成。

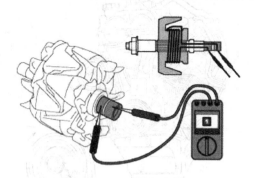

图 2-24 转子线圈导通性检测

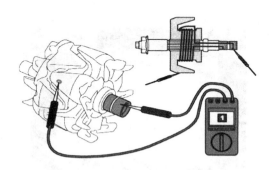

图 2-25 转子线圈绝缘性的检测

2）定子的检修

交流发电机的定子如图 2-13 所示。

（1）定子三相绕组导通性的检测：使用万用表挡位量程_____，测量数值（单位）为_____；

（2）定子三相绕组绝缘性的检测：使用万用表挡位量程_____，测量数值（单位）为_____。

3）整流器的检修

（1）正整流板的检测。如图 2-26 所示，其中实线表示正整流板二极管的正向导通性的检测，虚线表示正整流板二极管的反向截止性的检测。

（2）负整流板的检测。如图 2-27 所示，其中实线表示负整流板二极管的正向导通性的检测，虚线表示负整流板二极管的反向截止性的检测。

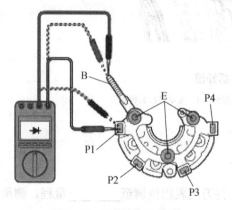

图 2-26 正整流板的检测

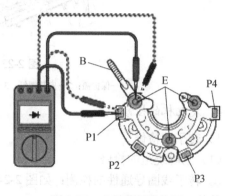

图 2-27 负整流板的检测

4）电刷组件的检测

（1）如图 2-28 所示，电刷和电刷架应无破损或裂纹，电刷在电刷架中应活动自如，不得出现卡滞现象。

（2）电刷的长度应大于 10mm，否则应更换。

（3）电刷的弹簧压力应符合标准，一般为 2~3N，若弹簧压力过小，则应更换。

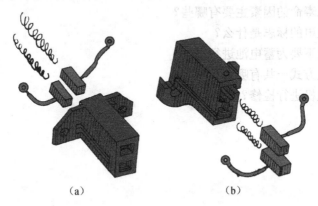

图 2-28 发电机电刷组件

 课后习题

一、填空题

1. 蓄电池单格电压为_____V，12V 的蓄电池由_____个单格组成。
2. 蓄电池的充电方法有_____充电、_____充电及_____充电。
3. 汽车充电系统由_____、_____、_____及_____组成。
4. 交流发电机的励磁方式有_____、_____两种。
5. 从汽车上拆下蓄电池时，应先拆_____，后拆_____。
6. 汽车充电系统由_____、_____、_____及_____组成。

二、选择题

1. 硅整流发电机的硅整流器中的 6 个硅二极管常组合成（　　）电路。
    A．半波整流　　　　　　　　B．三相桥式全波整流
    C．RL 震荡　　　　　　　　　D．电桥电路
2. 无刷硅整流发电机最主要的特点是（　　）。
    A．励磁绕组静止　　　　　　B．电枢绕组静止
    C．二者都转动　　　　　　　D．电枢桄组转动
3. 免维护蓄电池的内装式密度计，当观察窗口看到（　　）时，表示蓄电池工作状态正常。
    A．绿色　　　　　　　　　　B．深绿色
    C．浅黄色　　　　　　　　　D．黄色

4. 在讨论蓄电池结构时，甲说12V蓄电池由6个单格电池并联组成，乙说12V蓄电池由6个单格电池串联组成，你认为（　　）。

  A. 甲正确　　　　B. 乙正确　　　　C. 甲乙都对　　　　D. 甲乙都不对

三、简答题

1. 影响蓄电池寿命的因素主要有哪些？
2. 蓄电池充足电的标志是什么？
3. 在什么情况下要为蓄电池进行充电？
4. 蓄电池充电方式一共有哪四种？
5. 如何对发电机进行检修？

第 3 章　检修汽车起动系统

（1）了解汽车起动系统的工作过程。
（2）熟悉起动机的组成及检测方法。
（3）会检测并排除起动系的电路故障。

3.1　起动机拆装检修

知识目标：
（1）熟悉汽车起动机的作用、结构。
（2）熟悉起动机的工作过程。
技能目标：
（1）能从汽车上拆装起动机。
（2）能够正确拆装起动机。
（3）能够检测起动机的零部件。

1. 起动系概述

1）起动系的作用
发动机必须依靠外力带动曲轴旋转后，才能进入正常工作状态，通常把汽车发动机曲轴在外力作用下，从开始转动到怠速运转的全过程，称为发动机的起动。

电力起动系统简称起动系，起动系的作用就是供给发动机曲轴起动转矩，使发动机曲轴达到必需的起动转速，以便进入自行运转状态。在发动机进入自行运转状态后，起动系便结束任务停止工作。

2）起动系的组成

起动系由蓄电池、起动机和起动控制电路等组成,如图3-1所示,起动控制电路包括起动按钮或开关、起动继电器等。

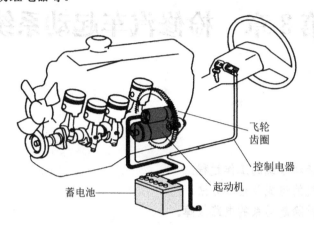

图 3-1　起动系的组成

2. 起动机的组成及分类

1）起动机的组成

起动机由直流电动机、传动装置（啮合机构）、控制装置（电磁开关）组成,如图3-2所示。

图 3-2　起动机

1—直流电动机；2—传动装置；3—电磁开关

2）起动机的分类

按总体结构的不同可分为如下几类。

（1）普通式起动机。

将电动机电枢产生的起动力矩直接通过离合器、驱动齿轮传给飞轮齿圈的起动机称为普通式起动机。

(2) 永磁式起动机。

永磁式起动机以永磁材料作为磁极，取消了励磁式起动机中的励磁绕组和磁极铁芯，结构简化，体积小，质量轻，节省金属材料。但永磁式起动机的功率一般较小，使用范围在一定程度上受到限制。

(3) 减速式起动机。

减速式起动机的基本结构与普通式起动机相同，只是在电枢和驱动齿轮之间，装有减速齿轮（一般减速比为3~4），经减速、增矩后，再带动驱动齿轮。减速式起动机是今后车用起动机的发展方向。

3. 起动机的电动机类型

起动机的电动机类型为直流电动机。

1) 直流电动机的工作原理

直流电动机是将电能转变为机械能的设备。它是根据通电导体在磁场中将受到电磁力作用而发生运动的原理进行工作的，如图 3-3 所示。

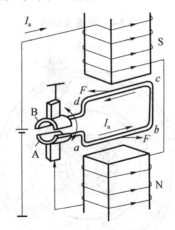

图 3-3　永磁式电动机原理

2) 直流电动机的结构组成

起动机的直流电动机主要由定子（机壳、励磁绕组、铁芯）、转子、电刷及刷架、前后端盖等组成，如图 3-4 所示。

(1) 定子。定子亦称磁极，其作用是产生磁场，分励磁式和永磁式两类。为增大转矩，汽车起动机通常采用四个磁极，两对磁极相对交错安装，定子与转子铁芯形成磁力线回路，低碳钢板制成的机壳是磁路的一部分。

① 励磁式定子。励磁式电动机定子铁芯为低碳钢，铁芯磁场要靠绕在外面的励磁绕组通电建立。为使电动机磁通按设计要求分布，铁芯制成图 3-4 所示的形状，并用埋头螺栓紧固在机壳上。

采用励磁式定子的电动机，其励磁绕组与转子串联连接，故称串励式电动机，如图 3-5 所示。

② 永磁式定子。永磁式电动机不需要电磁绕组，不仅可节省材料，而且能使电动机磁极的径向尺寸减小；在输出特性相同的情况下，其质量比励磁定子式电动机可减轻 30% 以上。

条形永久磁铁可用冷粘接法粘在机壳内壁上或用片状弹簧均匀地固装在起动机机壳内表面上。由于结构尺寸及永磁材料性能限制，永磁式起动机的功率一般不大于2kW。

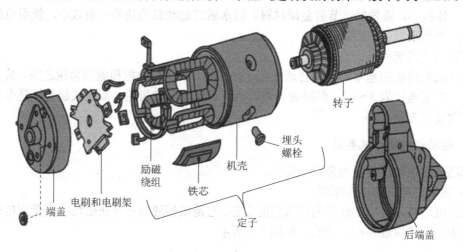

图 3-4 直流电动机

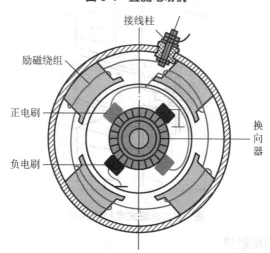

图 3-5 励磁式定子

（2）转子。转子亦称电枢，如图3-6所示，由电枢轴、铁芯、电枢绕组和换向器等组成。转子的作用是产生电磁转矩。

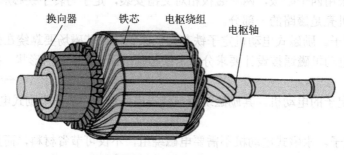

图 3-6 起动机转子

(3) 电刷架。

起动机电刷通常用铜粉（80%～90%）和石墨粉压制而成，以减少电阻并提高耐磨性。电刷架上有盘形弹簧，用以压紧电刷，如图 3-7 所示。

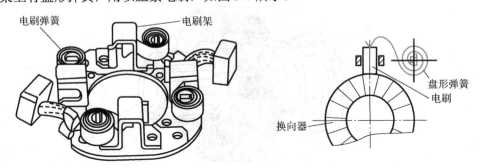

图 3-7 电刷架

(4) 前端盖。前端盖也称电刷端盖，如图 3-4 所示，一般用浇铸或冲压法制成，盖内装有四个电刷架及电刷，其中两个搭铁电刷利用与端盖相通的电刷架搭铁，另外两个电刷的电刷架则与端盖绝缘，绝缘电刷引线与励磁绕组的一个端头相连接。

(5) 后端盖。后端盖也称驱动端盖，驱动端盖上有拨叉座和驱动齿轮行程调整螺钉，还有支撑拨叉的轴销孔。为了避免电枢轴弯曲变形，一些起动机装有中间支撑板。端盖及中间支撑板上的轴承多用青铜石墨轴承或铁基含油轴承。轴承一般采用滑动式，以承受起动机工作时的冲击性载荷。有些减速式起动机采用球轴承。

两端盖与机壳通过两个较长的穿心连接螺栓组装成一个整体。端盖与机壳之间的接合面上一般制有定位用安装记号。

4. 起动机的传动与控制机构

1) 起动机的传动机构。一般起动机的传动机构是指包括驱动齿轮的单向离合器，减速式起动机的传动机构还包括减速装置。驱动齿轮与飞轮的啮合一般是靠拨叉强制拨动完成的，起动机的传动过程如图 3-8 所示。

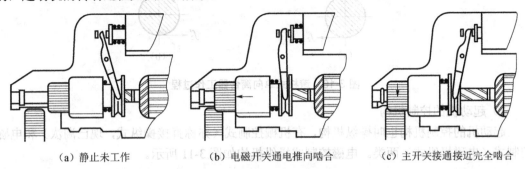

(a) 静止未工作　　　　(b) 电磁开关通电推向啮合　　　　(c) 主开关接通接近完全啮合

图 3-8 起动机的传动过程

常见起动机单向离合器主要有滚柱式、弹簧式和摩擦片式三种。其中，滚柱式单向离合器是通过改变滚柱在楔形槽中的位置实现接合和分离的，主要由驱动齿轮、外壳及十字槽套筒（或外座圈及十字块套筒）、滚柱、弹簧等组成，如图3-9所示。

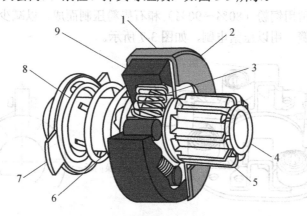

图3-9 滚柱式单向离合器

1—外壳；2—滚柱挡板；3—滚柱弹簧；4—铜套；5—驱动齿轮；
6—滚柱；7—推动凸缘；8—缓冲弹簧；9—离合顺外环

单向离合器的套筒内有螺旋花键，此花键与起动机电枢轴前端的花键结合。单向离合器既可在拨叉作用下沿电枢轴轴向移动，又可在电枢驱动下做旋转运动。

滚柱式单向离合器工作时属于线接触传力，所以不能传递大转矩，一般用于小功率（2kW以下）的起动机上，否则滚柱易变形、卡死，造成单向离合器分离不彻底。滚柱式单向离合器结构简单，目前广泛用于汽油发动机上。其工作过程如图3-10所示。

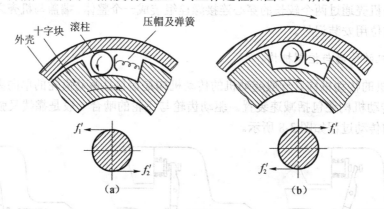

图3-10 滚柱式单向离合器工作过程

2）起动机的控制机构

起动机的控制机构也叫操纵机构，有机械控制式（亦称直接操纵式，现已淘汰）和电磁控制式（电磁操纵式）两类。电磁控制式操纵机构如图3-11所示。

5. 减速式起动机

减速式起动机与常规起动机的主要区别是在传动机构和电枢轴之间安装了一套齿轮减速装置，通过减速装置将力矩传递给单向离合器，可以降低电动机的速度，增大输出力矩，减小起动机的体积和重量。齿轮减速装置主要有平行轴式啮合减速齿轮装置和行星齿轮减速装置两种形式。

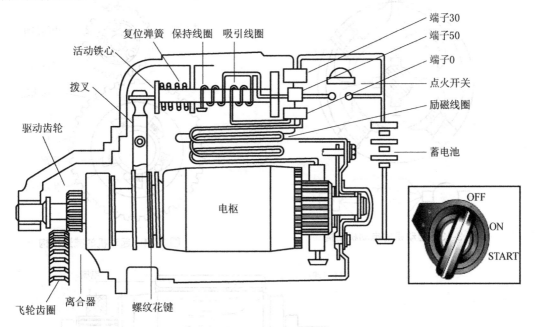

图 3-11 起动机控制机构

1）平行轴式减速起动机

平行轴式减速起动机，由电磁开关、电刷、电枢、电枢轴齿轮、惰轮、滚柱式单向离合器、驱动齿轮等组成，如图 3-12 所示。

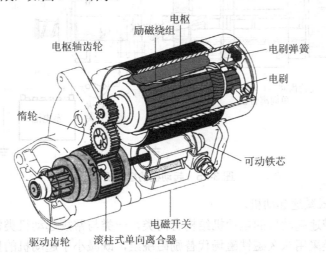

图 3-12 平行轴式减速起动机

平行轴式减速起动机的减速机构和控制机构分别如图 3-13～图 3-15 所示。

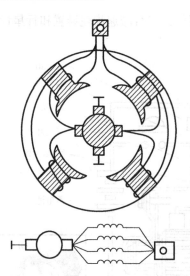

图 3-13 起动机的电动机结构

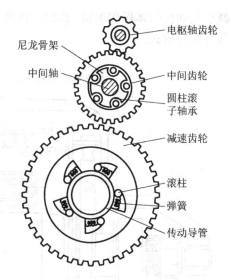

图 3-14 起动机的减速机构

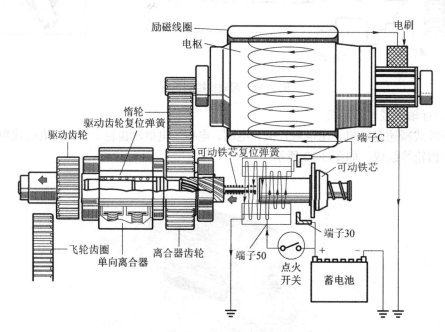

图 3-15 起动机的控制机构

2) 行星齿轮式减速起动机。

行星齿轮式减速起动机的电动机结构有两类，一类与常规起动机类似，采用励磁线圈产生磁场，另一类采用永久磁铁磁场代替励磁绕组，既减小了起动机的体积，又提高了起动性能。

行星齿轮式减速起动机的传动机构及减速齿轮装置如图 3-16 所示。该起动机的传动机构采用滚柱式单向离合器，行星齿轮减速装置中设有三个行星轮、一个太阳轮（电枢轴齿轮）及一个固定的内齿圈。

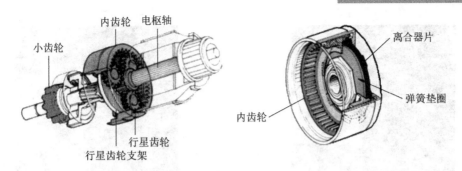

图 3-16 减速起动机的传动机构及减速齿轮装置

 技能训练

训练　起动机拆装及检测

1. 训练准备

(1) 设备准备：五菱荣光汽车发动机台架四台、常用工具四套、万用表八个。
(2) 资料准备：五菱荣光维修手册。

2. 起动机的故障检测及拆装

故障现象：挡位在空挡，点火开关置于 ST 挡时，起动机不转或起动机转动无力。
检测步骤：
(1) 检测蓄电池容量为＿＿＿＿，如图 3-17 所示。说明：＿＿＿＿。

图 3-17　检测蓄电池容量

(2) 挡位在空挡，点火开关置于 ST 挡时，检测蓄电池电压为＿＿＿＿V。
(3) 挡位在空挡，点火开关置于 ST 挡时，检测起动机端子 30 的电压＿＿＿＿V。
以上两步检测的电压相差＿＿＿＿V，说明端子 30 导线连接完好，如图 3-18 所示。
(4) 挡位在空挡，点火开关置于 ST 挡时，起动机端子 50 的标准电压为＿＿＿＿V，现检测其电压为＿＿＿＿V，说明起动机端子 50 线路完好，如图 3-19 所示。

图 3-18 起动机端子 30 的位置

图 3-19 起动机端子 50 位置

（5）拆卸起动机。首先拆下蓄电池负极，然后拆起动机连线，最后拆起动机固定螺栓，步骤如图 3-20 所示。

图 3-20 起动机拆卸步骤

1—端子 50；2—端子 30；3—起动机固定螺栓

（6）起动机不解体的检测，步骤如表 3-1 所示。

表 3-1 起动机不解体的检测步骤

检测步骤	图示
吸引线圈性能测试： ① 先把励磁线圈的引线断开。 ② 按右图所示的方法连接蓄电池与电磁起动开关，驱动齿轮应能伸出，否则表明其功能不正常。 试验结果：_____ V。 结论：_____	

续表

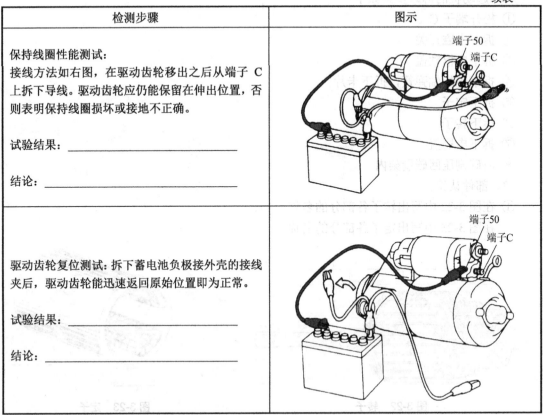

检测步骤	图示
保持线圈性能测试： 接线方法如右图，在驱动齿轮移出之后从端子 C 上拆下导线。驱动齿轮应仍能保留在伸出位置，否则表明保持线圈损坏或接地不正确。 试验结果：_____ 结论：_____	
驱动齿轮复位测试：拆下蓄电池负极接外壳的接线夹后，驱动齿轮能迅速返回原始位置即为正常。 试验结果：_____ 结论：_____	

（7）若以上步骤中检测到起动机有故障，则需更换起动机。安装新的起动机的安装步骤与拆卸时相反，在此不再赘述。

3．起动机解体

（1）解体起动机时，要按步骤拆卸，如图3-21所示。

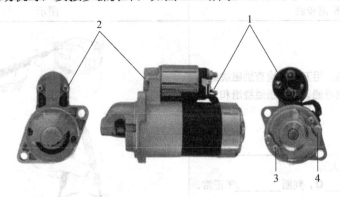

图3-21 起动机解体

1—"C"端子；2—电磁开关固定螺栓；3—电刷架固定螺栓；4—电枢固定螺栓

(2) 起动机的拆卸步骤如下：

① 松开端子 C

② 拆下电磁开关

③ 拆下电枢轴盖

④ 拆下电枢轴弹簧，拆下卡片

⑤ 拆下定子

⑥ 拆下转子

⑦ 拆下电刷盖

⑧ 将碳刷压回碳刷架内

(3) 部件认识。

① 在图 3-22 中写出转子各部分的名称。

② 在图 3-23 中写出定子各部分的名称。

图 3-22　转子　　　　　图 3-23　定子

4. 起动机零部件的检测

起动机零部件的检测步骤如表 3-2 所示。

表 3-2　起动机零部件的检测步骤

检测步骤	图示
(1) 磁场绕组的检测：用万用表检查励磁绕组两电刷之间通路时，应导通。检查励磁绕组和定子外壳时，不应导通。 绝缘性检测：＿＿＿＿Ω，判断＿＿＿＿（正常、异常）（标准为无穷大）。 导通性检测：＿＿＿＿Ω，判断＿＿＿＿（正常、异常）（标准小于 1Ω）。	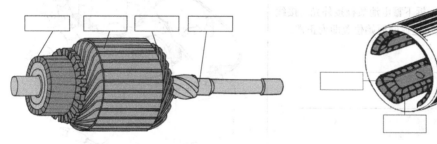

续表

检测步骤	图示
(2) 电枢的检测：换向器和电枢线圈铁芯之间不应导通，整流片之间应导通。 导通性检测：_____Ω，判断_____（正常、异常）（标准小于1Ω）	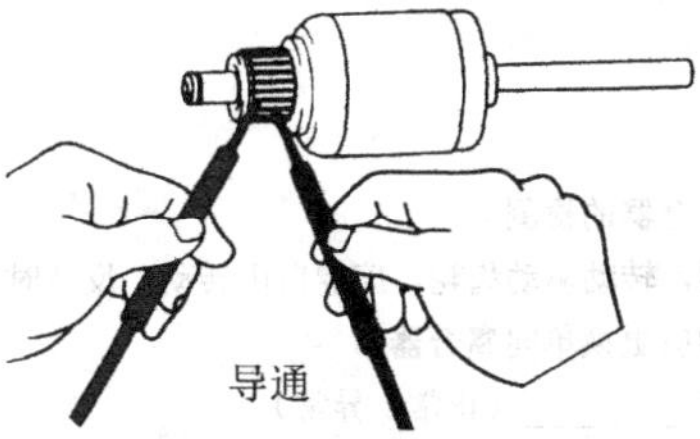 导通
绝缘性检测：_____Ω，判断_____（正常、异常）（标准为无穷大）	 不导通
(3) 电刷、电刷架及电刷弹簧的检测： ① 测量电刷的长度时要结合具体的标准（磨损极限10mm）。 ② 检查正电刷架和负电刷架之间是否导通。 绝缘性检测：_____Ω，判断_____（正常、异常）（标准为无穷大） 导通性检测：_____Ω，判断_____（正常、异常）（标准小于1Ω）	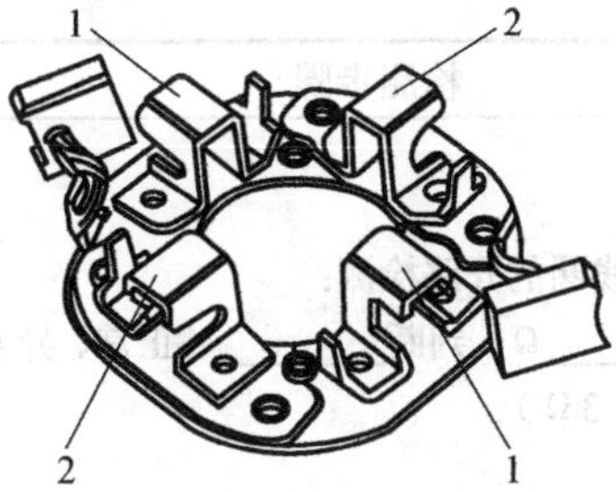 1—负电刷架；2—正电刷架

5. 传动机构的检测

传动机构的检测步骤如表3-3所示。

表3-3 传动机构的检测步骤

检测步骤	图示
(1) 电枢轴花键的检测： 将单向离合器及驱动齿轮总成装到电枢轴上，握住电枢，驱动齿轮总成应能沿电枢轴自如滑动。 检验结果：_____（正常、异常）	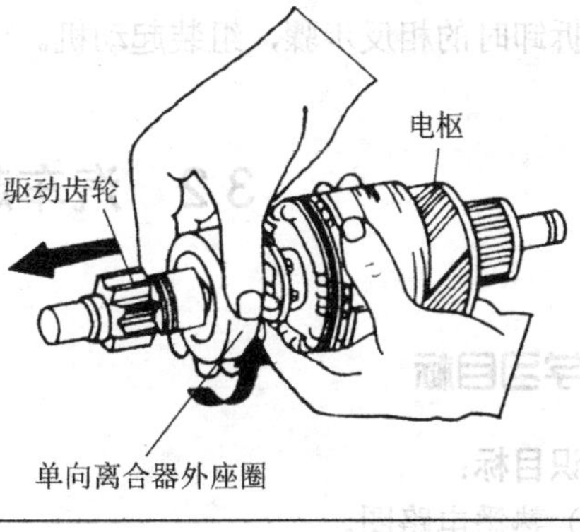 电枢 驱动齿轮 单向离合器外座圈

续表

检测步骤	图示
（2）单向离合器的检测 握住外座圈，转动驱动齿轮，应能自由转动；反转时应锁住，否则应更换单向离合器。 检验结果：_____（正常、异常）	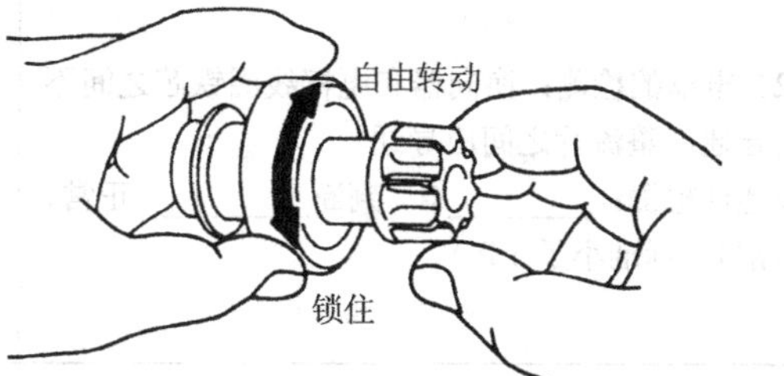 自由转动 锁住

6. 电磁开关的检测

电磁开关的检测步骤如表 3-4 所示。

表 3-4　电磁开关的检测步骤

检测步骤	图示
（1）吸引线圈的开路检测： 电阻_____Ω，判断_____（正常、异常） （标准小于 3Ω）	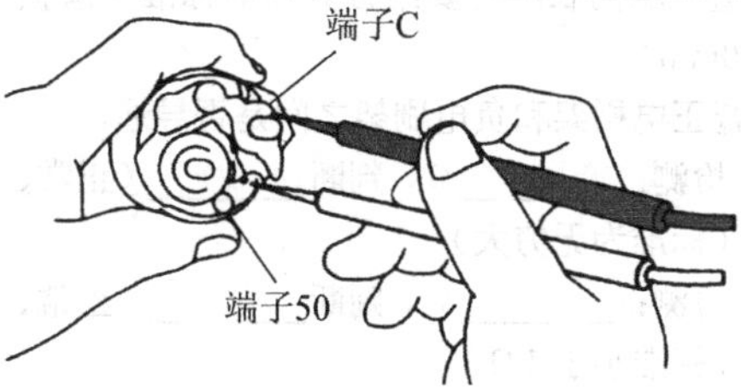 端子C 端子50
（2）保持线圈的开路检测： 电阻_____Ω，判断_____（正常、异常） （标准小于 3Ω）	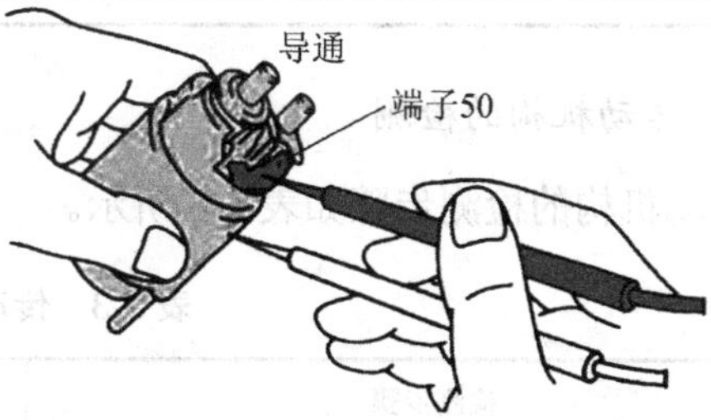 导通 端子50

按拆卸时的相反步骤，组装起动机。

3.2　汽车起动系故障检修

 学习目标

知识目标：

（1）熟悉电路图。

（2）能根据起动电路图提出思路。

技能目标：

（1）能够检测汽车起动电路是否正常；

（2）能够排除汽车起动电路故障。

  理论知识

起动系控制电路主要有起动开关直接控制起动系和起动继电器控制起动系两类。

1）起动开关直接控制起动系

起动开关直接控制是指起动机由起动开关（点火开关或起动按钮）直接控制，其控制电路如图 3-24 所示。起动功率较小的汽车（如长安奥拓微型轿车、天津夏利轿车）常用这种控制形式。

2）起动继电器控制起动系

起动继电器控制起动系的控制电路，如图 3-25 所示。

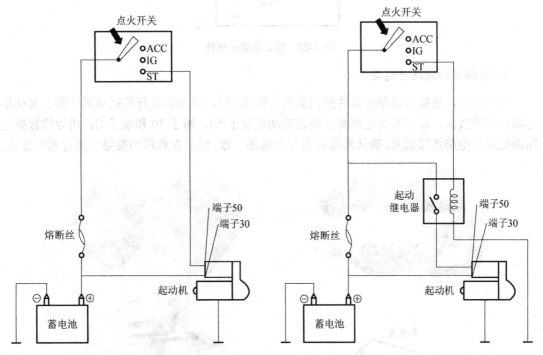

图 3-24 起动开关直接控制起动系控制电路　　图 3-25 起动继电器控制起动系控制电路

  技能训练

训练 1　起动系线路连接

1. 训练准备

（1）设备准备：起动机 10 台、点火开关 10 个、继电器 10 个、蓄电池 5 个、万用表 10 个。

（2）资料准备：五菱荣光维修手册。

2. 连接起动系各元件

将起动系各元件按图3-26所示线路连接起来。

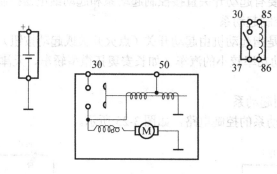

图3-26 起动系连接线路

3. 连接实物线路并起动

（1）首先，根据电路图元器件找出实物（图3-27），确定点火开关起动用针脚、起动继电器线圈连接脚、常开开关连接脚；确定起动机端子50、端子30和端子C。用导线根据电路图把起动电路连接起来，确认连接是否与电路图一致。然后在教师的指导下进行通电测试。

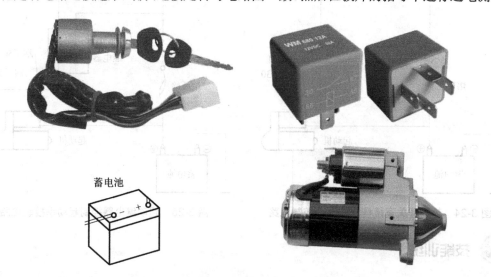

图3-27 各实物设备

（2）根据电路图完成填空：

① 起动机端子50与继电器的_____号脚相连，起动机端子30与继电器的_____号脚相连；

② 点火开关端子 AM 与_____相连接,端子 ST 与继电器的_____号脚相连。

训练 2　起动系故障诊断排除

1. 训练准备

(1) 设备准备:五菱荣光汽车 4 台、万用表 4 个、试灯 4 个。

(2) 资料准备:五菱荣光维修手册。

2. 起动机电路

注意:

(1) 起动前应将变速器挂上空挡,起动同时踩下离合器踏板。自动变速器的汽车应将变速杆置于 P 位或 N 位。

(2) 每次接通起动机的时间不得超过 5s,两次之间应间歇 15s 以上。

(3) 发动机起动后应立刻松开点火开关,切断 ST 挡,使起动机停止工作。

(4) 经过三次起动,若发动机仍没有起动着火,则停止起动,进行简单的检查。

(1) 五菱荣光的起动机电路如图 3-28 所示。

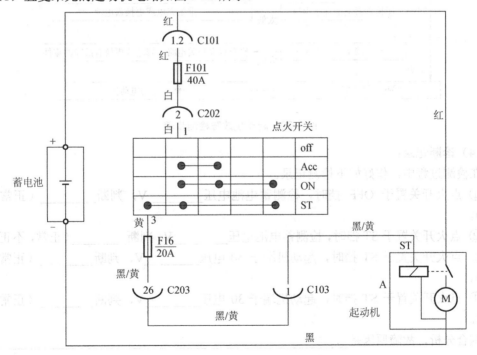

图 3-28　五菱荣光的起动机电路

(2) 起动机工作原理如下。

当点火开关置于 ST 挡时,电流回路为蓄电池正极→熔断器→点火开关端子 1→点火开关端子 3→熔断器→起动机的端子 ST→起动机的吸引线圈/保持线圈→起动机负极→蓄电池负极,此时,起动机的磁吸开关吸合,起动机的大电流回路接通,电流回路为蓄电池正极→

起动机端子 30→磁吸开关触点→起动机的直流电动机→起动机负极→蓄电池负极，从而起动并带动发动机运转。

3. 故障检测与排除

（1）故障现象：将点火开关置于 ST 挡，起动机驱动齿轮不向外伸出，起动机不转。

（2）诊断思路：

引起起动机不工作的可能原因：起动机故障、蓄电池故障、点火开关故障、熔断器断路、起动线路的故障等。

（3）诊断方法：

① 检测蓄电池电压。

② 检测熔断器是否故障。

③ 检测起动机端子 30、50（ST）在起动时的电压，不应低于 9.6 伏。

如果以上检测完好，但故障仍然存在，则说明故障在起动机本身，起动机的具体故障检测步骤如图 3-29 所示。

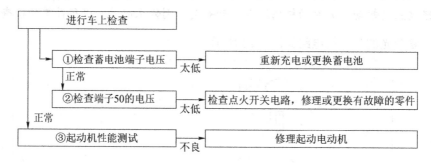

图 3-29 起动机故障检测步骤

（4）诊断记录：

在检测过程中，作好如下检测记录。

① 点火开关置于 OFF 挡时，检测蓄电池电压_____V，判断_____（正常，不正常）。

② 点火开关置于 ST 挡时，检测蓄电池电压_____V，判断_____（正常，不正常）。

③ 点火开关置于 ST 挡时，起动机端子 50 电压_____V，判断_____（正常，不正常）。

④ 点火开关置于 ST 挡时，起动机端子 30 电压_____V，判断_____（正常，不正常）。

综合分析，故障原因是_____。

一、填空题

1. 起动机由_____、_____和_____三大部分组成。

2. 起动机传动机构的作用是在发动机起动时，使起动机_____啮入_____，将_____传给_____；在发动机起动后使驱动齿轮_____，并最终_____。

3. 起动机传动机构由_____和_____等部件构成。

4. 起动机电磁开关内有_____和_____两个线圈。

二、判断题（正确的打"√"，错误的打"×"）

1. 换向器的作用是使直流电动机维持定向旋转。（   ）

2. 电磁开关将起动机主电路接通后，活动铁芯靠吸引线圈产生的电磁力保持在吸合位置上。（   ）

三、问答题

1. 蓄电池容量对起动机性能有何影响？

2. 起动机单向离合器的作用是什么？

3. 起动机故障分析的首要条件是区分起动机故障，还是起动系电路故障，一般应先判断电路故障。那么，

（1）如何区分起动机故障与起动系电路故障？

（2）如何区分起动机故障与蓄电池故障？

第4章 检修照明与信号系统

(1) 能够描述照明信号系统的组成和作用。
(2) 能够根据电路描述照明信号系统各部件的工作原理。
(3) 能够根据维修手册拆装照明与信号系统的各部件。
(4) 能够使用电路对照明信号系统的故障进行检修。

4.1 前照明灯故障检修

知识目标：
(1) 能够描述汽车照明灯的分类及作用。
(2) 能够描述汽车照明灯灯泡的类型及结构特点。
(3) 能够描述汽车前照灯的结构、电路原理及控制方式。
(4) 能够描述雾灯的作用、位置和分类。

技能目标：
(1) 能够根据维修手册对前照灯进行拆装。
(2) 能够根据电路图和维修手册对前照灯故障进行检修。
(3) 会调整前照灯灯光束的高度。

1. 汽车照明灯概述

汽车照明灯是汽车夜间行驶必不可少的照明设备，为了提高汽车的行驶速度确保夜间行车的安全，汽车上装有多种照明设备。根据安装位置和用途不同，汽车照明灯一般可分为外部照明系统、内部照明系统。外部照明装置主要是前照灯。

2. 前照灯的组成

前照灯安装在汽车头部两侧,有两灯制(图 4-1)和四灯制(图 4-2)两类。四灯制前照灯内侧为近光灯,外侧为远光灯。前照灯一般由光源(灯泡)、配光镜和反射镜三个光学组件组成,如图 4-3 所示。

图 4-1 两灯制前照灯

图 4-2 四灯制前照灯

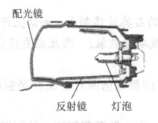

图 4-3 前照灯的组成

1)前照灯的主要用途

(1)照亮车辆前方的道路和物体,确保行车安全。

(2)利用远光、近光交替变换作为夜间的超车、会车信号。

2)对前照灯的要求

(1)车前有明亮而均匀的照明,使驾驶员能够辨明车前 100m(或更远)内道路上的任何障碍物;

(2)具有防眩目装置。

为了达到防眩目性能,前照灯采取的措施有使用双丝灯泡和在近光灯丝下装遮光罩。

3. 前照灯的灯泡分类

按照光源的类型,前照灯可以分为卤钨灯、氙气前照灯、LED 前照灯、激光前照灯。

1)卤钨灯

白炽灯和卤钨灯的灯丝都是用钨丝制成的。卤钨灯是灯泡内部填充卤族元素或卤化物的充气白炽灯,如图 4-4 所示。

卤钨灯是利用卤钨循环反应原理制成的。卤钨循环的过程为在适当的温度条件下,从灯丝蒸发出来的钨在泡壁区域内与卤素物质反应,形成挥发性的卤钨化合物。由于泡壁温度足够高(250℃),卤钨化合物呈气态,当卤钨化合物扩散到较热的灯丝周围区域时又分化为卤素和钨，释放出来的钨部分回到灯丝上，而卤素继续参与循环过程。

图 4-4 卤钨灯灯泡

为确保卤钨循环的正常进行，必须较大程度地缩小玻壳尺寸，以提高玻壳温度（一般要求灯的玻壳温度为 250℃～800℃），使灯内卤化钨处于气态。因此，卤素灯的玻壳必须使用耐高温和机械强度高的石英玻璃。

注意：卤素灯泡使用耐高温的石英玻璃制成，如沾上汗渍或油污，将使石英玻璃失去光泽，减低亮度，缩短寿命，甚至玻璃壳破裂。因此在更换卤钨灯时不能用手触摸玻璃部分。

2）氙气前照灯

氙气前照灯是一种含有氙气的新型前照灯，又称高强度放电式气体灯（High Intensity Discharge，HID）。

氙气前照灯，如图 4-5 所示，由小型石英灯泡、控制器组成。接通电源后，通过控制器内的变压器，在几微秒内升压到 2 万伏以上的高压脉冲电加在石英灯泡内的金属电极之间，激励灯泡内的物质（氙气、少量的水银蒸气、金属卤化物）在电弧中电离产生光亮。由于高温导致碰撞激发，并随压力升高使线光谱变宽形成带光谱。灯开关接通的一瞬间，氙灯即产生与 55W 卤素灯一样的亮度，约 3s 达到全部光通量。

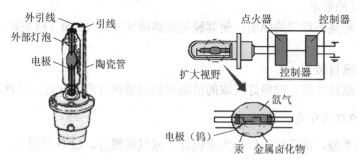

图 4-5 氙气前照灯结构

与普通灯泡相比，氙气灯泡有两个显著的优点：

（1）氙气灯泡拥有比普通卤素灯泡高三倍的光照强度，耗能却仅为其 2/3；

（2）氙气灯泡采用与日光近乎相同的光色，为驾驶者创造出更佳的视觉条件。氙气灯具的光照范围更广，光照强度更大，大大地改善了驾驶的安全性和舒适性。

3）LED 前照灯

发光二极管简称为 LED，LED 前照灯指的就是前照灯所有的光源均采用 LED，如图 4-6 所示。目前大多数汽车上的 LED 仅作为示宽灯、转向灯、倒车灯和制动灯使用，在远光/近光灯的使用上较少。由于汽车远光/近光灯对光线强度要求比较高，所以需要使用发光强度更高的 HB LED（高亮度 LED）。

以奔驰 CLS 的前照灯为例，如图 4-7 所示，共采用了 61 个 LED，分别是近光灯 16 个，远光灯 8 个，转向灯 13 个，示宽灯 22 个，弯道辅助灯 2 个。

图 4-6　奥迪 A8 全 LED 前照灯

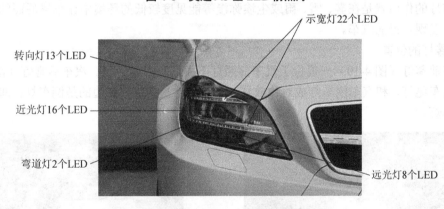

图 4-7　奔驰 CLS 全 LED 前照灯

4）激光前照灯

激光前照灯（图 4-8）的光源为激光二极管（Laser Diode），与发光二极管（LED）几乎诞生于同一时代。激光前照灯拥有 LED 前照灯大部分的优点，如响应速度快、亮度衰减低、体积小、能耗低、寿命长等。相比 LED 前照灯，激光前照灯尤其在体积方面具有优势，单个激光二极管元件的长度已经可以做到 10μm，如图 4-9 所示，仅为常规 LED 元件尺寸的 1/100。这意味着，只要设计师愿意，传统汽车的前照灯的尺寸可以大幅度缩小，这将为汽车前端各个元素的设计比例带来革命性的变化。

与 LED 前照灯做对比，激光前照灯的照度为 170lm/W，与 LED100lm/W 相比，亮度增加了几乎一倍，而照射距离是传统 LED 的两倍，能达到 600m。尺寸上，激光前照灯只有 LED 前照灯的 1/5。

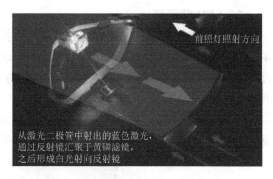

图 4-8　激光前照灯　　　　　　　图 4-9　激光前照灯结构

4. 雾灯

1）雾灯分类

雾灯按照安装位置可分为前雾灯和后雾灯，前雾灯的作用不是照明，而是提供一个高亮度的散射光源，这个光源的强度可穿透浓雾，起到提醒对面驾驶员的作用。虽然雾灯能够照亮的面积较小，但是在正常情况使用，也足够扰乱将对面驾驶员的视线。这种情况下，开启前雾灯是一种不道德的行为，因此在正常情况下不要使用，只在浓雾情况下用。

后雾灯的作用就是在雾、雪、雨或尘埃弥漫等能见度较低的环境中让车辆后面的汽车驾驶员易于发现自己的汽车。

2）雾灯的位置

汽车前雾灯（图 4-10）一般位于汽车前照灯下面，左右各一个。汽车后雾灯（图 4-11）一般为汽车尾灯，和汽车倒车灯成对称放置，且左边的是雾灯，右边的是倒车灯，即单后雾灯单倒车灯。

图 4-10　卤素前雾灯　　　　　　　图 4-11　激光后雾灯

技能训练

训练 1　前照明灯总成更换

1. 训练准备

（1）设备准备：五菱宏光轿车两台、汽车万用表、常用拆装工具。

（2）资料准备：五菱宏光 2014 款维修手册。

2. 五菱宏光前照灯的拆卸步骤

（1）拆下前保险杠蒙皮，如图 4-12 所示。

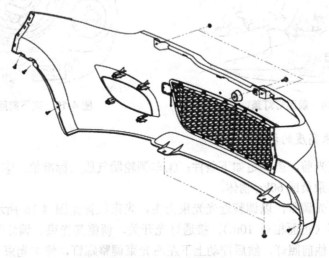

图 4-12　前保险杠蒙皮

（2）拆下前照灯总成固定螺栓共四颗螺栓，如图 4-13 所示。

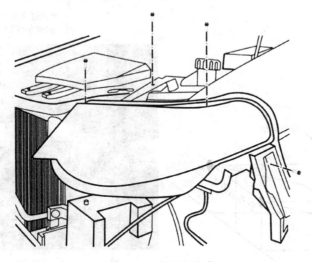

图 4-13　前照灯总成

（3）断开连接器。
（4）取出前照灯总成。
（5）更换近光/远光灯灯泡，逆时针旋转灯盖并取下，如图 4-14 所示。
（6）用平刃工具撬开压片，取下灯泡总成，如图 4-15 所示。

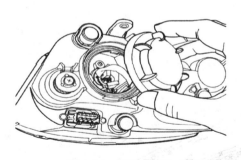
图 4-14 前照灯灯盖

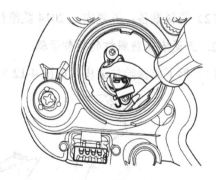
图 4-15 取下前照灯灯泡

3. 前照灯光束高度的调整

（1）在调整灯光前，需满足如下条件：①车辆轮胎气压为标准值；②在平坦的路面上；③驾驶室载有一名乘员或 60kg 物体。

（2）前照灯灯光调整，以调整近光光束为主，光束位置如图 4-16 所示。使车前部对幕墙保持一定的距离（正面相对 10m），接通灯光开关，调整其光束。调灯时以一只灯为单位调整，首先遮蔽其他前照灯，然后拧动上下左右光束调整螺钉，使主光束（光度最高点）处于规定高度。上下左右调整前照灯时，必须拧入调整。若需拧松调节时，应完全拧松后拧入调整至调整位置。各光束调整螺钉如图 4-17 所示。

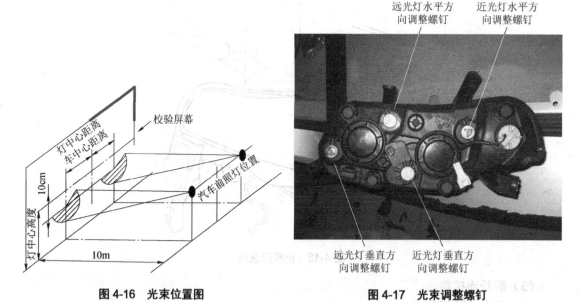

图 4-16 光束位置图　　　　　　　图 4-17 光束调整螺钉

前照灯调整装置：对于装配有前照灯调整装置的车辆，可以根据车辆的载重情况对前照灯光束进行垂直方向的调整：0 表示空载，1 表示中载，2 表示满载。在前照灯光束照射高度不足的情况下，也可利用此装置对光束进行调整，调整标准如表 4-1 所示。

表 4-1 前照灯灯束调整标准

前照灯类型		幕墙距离/m	光束中心高度 H/m （H 为前照灯安装高度）	数据/mm
近光灯	左灯	10	0.75～0.8	（两侧）≤100
	右灯	10	0.75～0.8	（两侧）≤100
远光灯	左灯	10	0.85～0.9	（左侧）≤100
				（右侧）≤170
	右灯	10	0.85～0.9	（两侧）≤170

训练 2 前照灯故障检修

1. 训练准备

（1）设备准备：五菱宏光轿车两台、汽车万用表、常用拆装工具。

（2）资料准备：五菱宏光 2014 款维修手册。

2. 前照灯工作电路

五菱宏光前照灯工作电路如图 4-18 所示。

3. 前照灯故障分析

（1）对两侧近光灯都不亮的故障现象进行分析。

根据前照灯电路，分析近光的工作原理：灯光信号开关 1 调至前照灯挡位，前照灯继电器线圈搭铁，产生磁场将继电器开关电路吸合，电流经过熔断器 F105→继电器开关→灯光信号开关 2 的 5 号针脚→6 号针脚，将近光灯点亮。

由此分析得出该故障现象的故障原因可能为灯光信号开关 2、F105 号熔断器、前照灯继电器、灯光信号开关 1、近光灯灯丝、各部件之间连接线路等出现断路故障。

（2）根据汽车电气设备故障诊断由易到难的原则，对各电气元件做如下检测。

① 检查用电设备电源：断开右前照灯插接器，如图 4-19 所示，测量 2 号针脚电压，数据为_____V，_____（是否正常）。

② 检查灯泡与搭铁之间线路：测量 4 号针脚与搭铁之间的电阻，阻值为_____Ω，_____（是否正常）。

③ 检查灯光信号开关 2：将灯光信号开关调整到前照灯近光挡位，测量灯光信号开关 2 的 5 号针脚和 6 号针脚之间的电阻，如图 4-20 所示，其阻值为_____Ω，_____（是否正常）。测量灯光信号开关 2 的 5 号针脚与搭铁之间的电压，其数据为_____V，_____（是否正常）。

④ 检查继电器至开关部分线路：测量继电器线圈插脚至灯光信号开关 1 的 2 号针脚的电阻，如图 4-21 所示，其阻值为_____Ω，_____（是否正常）。测量继电器开关插脚

至"灯光信号开关2"的"5"号针脚的电阻,其阻值为＿＿＿＿Ω,＿＿＿＿(是否正常)。

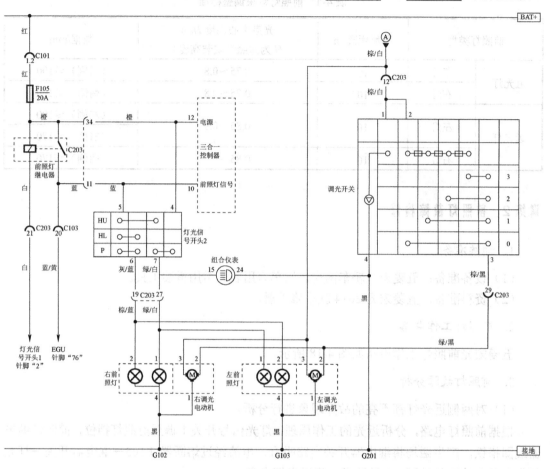

图 4-18 前照灯电路图

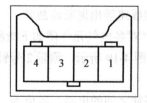

图 4-19 右前照灯插接器

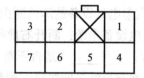

图 4-20 灯光信号开关 2 插接器

⑤ 若灯光信号开关2正常,则检查前照灯继电器是否正常,熔断器 F105 是否正常,如图 4-22 所示。

⑥ 查阅维修手册,找出前照灯继电器,并在图 4-22 上用线条描粗标记出来。

图 4-21 灯光信号开关 1 插接器

第 4 章 检修照明与信号系统

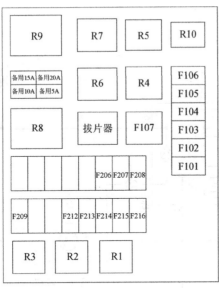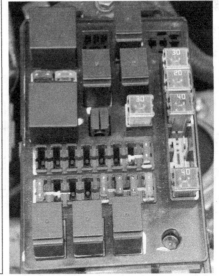

图 4-22 发动机舱熔断器盒

⑦ 在下框内画出继电器内部电路图。

写出检测该继电器的好坏的步骤。

a. 静态测量：_____

_____。

b. 动态测量：_____

_____。

训练 3 前雾灯故障检修

1. 训练准备

（1）设备准备：五菱宏光轿车两台、汽车万用表、常用拆装工具。

（2）资料准备：五菱宏光 2014 款维修手册。

2. 雾灯工作电路

五菱宏光雾灯工作电路如图 4-23 所示。

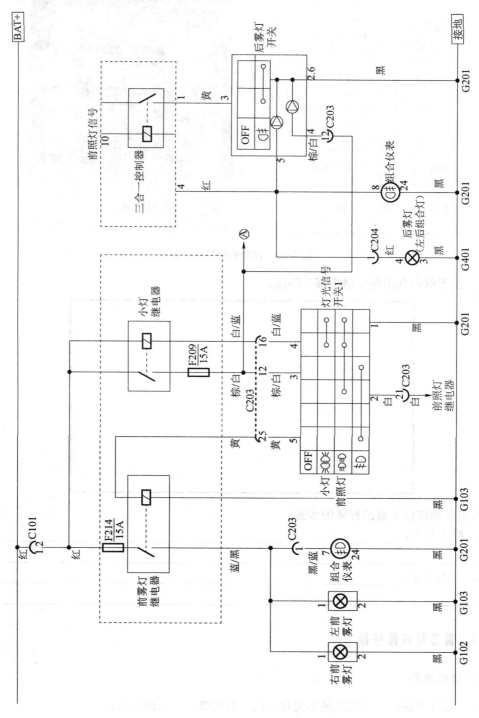

图 4-23　雾灯工作电路图

3. 根据电路图完成以下任务

（1）如图 4-24 所示，在车上分别找出前雾灯、后雾灯、雾灯熔断器、雾灯继电器、小灯继电器、雾灯开关的位置。

图 4-24　雾灯开关

（2）根据电路图，判断雾灯上的两条线分别是_____线和_____线。在关闭点火开关的前提下，拔下前雾灯的插头；然后重新打开点火开关，打开前雾灯，使用万用表测量雾灯插头两条线的电压，电压分别为_____V 和_____V。

（3）在雾灯开启的情况下，使用万用表测量雾灯熔断器上两个金属点的电压，电压（填"是"或"不是"）都是 12V。若不是，则关闭点火钥匙，拔下雾灯熔断器进行观察或测量熔断器的通断情况：_____。

（4）找到雾灯继电器，并用手触摸继电器，打开/关闭雾灯感觉继电器是否有动作？_____（填"有"或"无"）。若无动作，则关闭点火钥匙，拔下继电器，检测继电器的好坏。再打开点火钥匙，打开雾灯，测量继电器插孔的电压分别是_____、_____、_____、_____。

（5）在关闭点火钥匙的前提下，拆下雾灯开关。置于前雾灯挡，测量前雾灯针脚 3 和针脚 5 之间的电阻为_____Ω，置于后雾灯挡，测量后雾灯针脚 2 和针脚 3 之间的电阻为_____Ω。

4.2　转向信号系统检修

 学习目标

知识目标：
（1）熟悉转向信号系统的主要组成。
（2）熟悉转向信号灯的结构、电路原理、控制方式。

技能目标：
（1）能根据电路对转向信号系统控制原理进行分析。
（2）能根据电路图对转向信号系统进行检修。

理论知识

汽车转向信号灯一般安装在车辆前照灯或尾灯的总成内,侧方转向灯安装在前翼子板或后视镜上,用来提示车辆准备或正在转弯或变换车道。转向信号灯每分钟闪烁60～80次,使用醒目的橙色灯光作为光源。

转向信号系统主要包括转向开关、转向信号灯和转向闪光器(图4-25),其中,转向闪光器是主要器件。当遇到特殊情况时,所有转向信号灯同时闪烁,作为危险警告信号。

图4-25 转向闪光器

 技能训练

训练1 转向危险警告灯故障检修

1. 训练准备

(1)设备准备:五菱宏光轿车两台、汽车万用表、常用拆装工具。

(2)资料准备:五菱宏光2014款维修手册。

2. 转向信号系统电路

五菱宏光转向信号系统工作电路如图4-26所示。

3. 故障实例分析

1)故障现象

将五菱宏光轿车点火开关置于ON挡,将转向开关置于左转向或右转向位置,所有转向灯不亮。

2)故障分析

根据电路可以发现,转向灯系统和危险警告灯系统共用三合一控制器(转向闪光器)发出的闪烁信号来点亮转向灯。但它们使用的电源线不相同,转向灯使用的是点火开关控制的IGN2电源,经过F2号熔断器;危险警告灯使用的是BAT+常电源,经过F101号熔断器,如图4-26所示。因此在分析转向灯系统故障时,可以通过操作转向开关和危险警告开关,根据具体的故障现象,来缩小故障的范围。

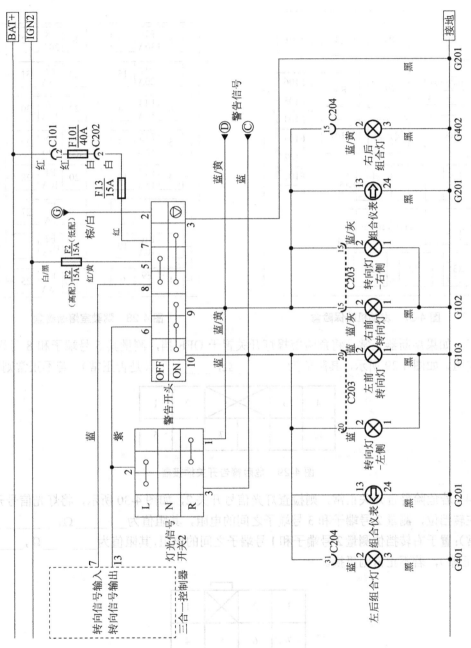

图 4-26 转向与危险警告灯电路

3)故障检测

(1)打开危险警告灯开关进行故障确认,如果所有转向工作正常,说明三合一控制器和转向灯灯泡及搭铁均正常,则可能的故障部位为 F2 号熔断器、危险警告开关置于 OFF 挡及转向信号灯开关。

（2）按照先易后难的检测顺序，首先检查 F2 号熔断器是否正常，如图 4-28 所示。

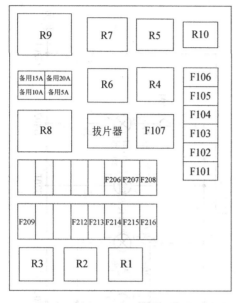

图 4-27　发动机舱保险盒 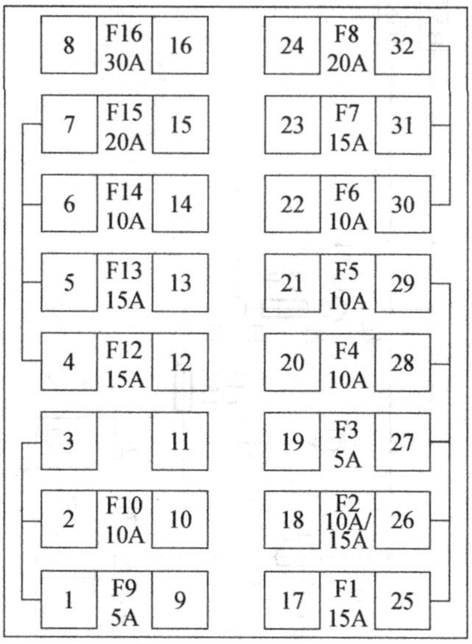　　　　　　图 4-28　驾驶室熔断器盒

（3）如果熔断器正常，将危险警报灯开关置于 OFF 挡，测量其 5 号端子和 8 号端子之间的电阻，如图 4-29 所示，其阻值为_____Ω，_____（是否正常）。若不正常则更换。

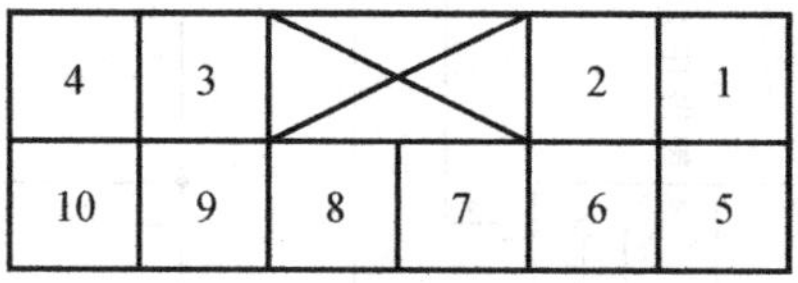

图 4-29　危险警告开关插接器

（4）若危险警告开关正常，则检查灯光信号开关 2，如图 4-30 所示，将灯光信号开关 2 置于左转挡位，测量 2 号端子和 3 号端子之间的电阻，其阻值为_____Ω，_____（是否正常）；置于右转挡位测量 2 号端子和 1 号端子之间的电阻，其阻值为_____Ω，_____（是否正常），若不正常则更换。

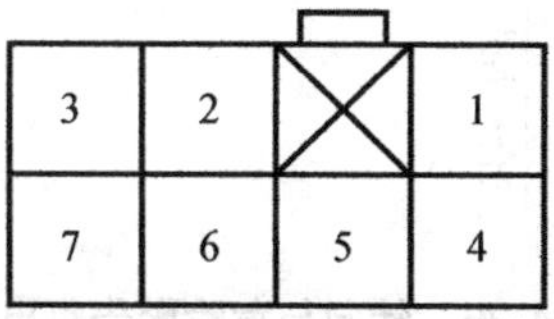

图 4-30　灯光信号开关 2 插接器

（5）如灯光信号开关 2 正常，则将危险警告开关打开，测量转向开关的 2 号端子的电压，其数据为_____V，_____（是否正常），若不正常则更换三合一控制器和转向开关之间的线路。

4.3 制动灯、倒车灯检修

学习目标

知识目标：
(1) 熟悉制动灯、倒车灯的作用、类型、位置。
(2) 熟悉制动灯、倒车灯的结构、电路原理、控制方式。
技能目标：
(1) 能根据电路对制动灯和倒车系统控制原理进行分析。
(2) 能根据电路图对制动灯、倒车灯故障进行检修。
(3) 能对后尾灯进行更换。

理论知识

1. 制动灯

1) 制动灯概述

制动灯（图 4-31），一般安装在车辆尾部，主体颜色为红色，以增强光源的穿透性，后面行驶的车辆即使在能见度较低的情况下，也易于发现前方车辆正在刹车，起到防止追尾事故发生的目的。简单的车型电路就是电源通过熔断器，然后到制动开关，当踩下制动踏板进行制动时，开关联通，电流被传送到两个制动灯和一个高位制动灯处，通过导线与车体连接构成回路。

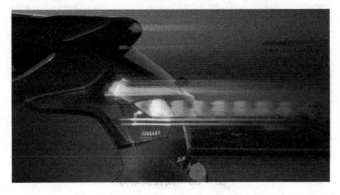

图 4-31 制动灯（红色）

2) 制动灯的作用

制动灯亮度较强，也较为明显，主要用来提醒后面的车辆，本车要减速或停车。另外，制动灯能有效防止车辆追尾事件的发生，减少交通事故。制动灯若使用错误或者出现故障，则很容易造成追尾撞车事故。另外，更换制动灯泡要注意，我国生产的车辆尾灯一般都是"一泡两用",灯泡内有两个光丝,较弱的为小灯,较强的为制动灯。有的厂家将尾灯设计为高低脚插入式,使用起来非常方便。更换时不要接反。

3)制动灯的分类

(1)按材料分类。根据制作制动灯的材料不同,制动灯大致可分为气体制动灯与 LED 制动灯两类。

① 气体制动灯使用的材料为气体,如卤素。气体制动灯技术成熟、价格低,但会产生辐射,里面含有汞,且外壳是玻璃做成的,容易破碎,导致污染环境。

② LED 制动灯(图 4-32)使用的材料是 LED。由 LED 做成的制动灯,无辐射、无污染、使用寿命长,理论达到 6 万小时,也就是说,在汽车报废期间不用换灯泡。但是,LED 制动灯的价格较贵,这对它的普及使用形成了一定影响。

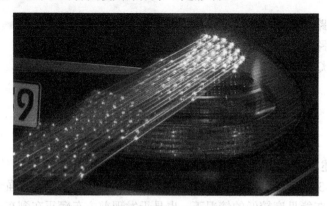

图 4-32 LED 制动灯

(2)按位置分类。按位置不同,制动灯可分为两类:一类是安装在车尾两端的制动灯,属于汽车尾灯的一种;一类是高位制动灯(图 4-33),安装在车尾上部。

图 4-33 高位制动灯

2. 倒车灯

1)倒车灯概述

倒车灯(图 4-34)装于汽车尾部,用于照亮车后路面,并警告车后的车辆和行人,该车正在倒车。倒车灯全部是白色的。

2）倒车灯分类

按使用的材料不同，汽车倒车灯分为气体汽车倒车灯和 LED 汽车倒车灯两类。按底座不同，汽车倒车灯分为 P21W、W21W、P27W 和 W16W 四类。

图 4-34 倒车灯（白色）

 技能训练

训练 1 后尾灯总成更换

1. 训练准备

（1）设备准备：五菱荣光轿车两台、汽车万用表、常用拆装工具。

（2）资料准备：五菱荣光 2014 款维修手册。

2. 后尾灯总成的拆装

五菱荣光后尾灯总成（图 4-35）的拆装步骤如下。

注意：操作前请先断开蓄电池负极端子。请勿带电操作，以免蓄电池短路造成人身伤害和车辆损坏。

1）拆卸步骤

（1）打开尾门。

（2）拆下后尾灯总成固定螺栓。

（3）断开电器插接件。

（4）取下后尾灯总成。

2）安装程序

（1）将后尾灯总成装至车身后部。

（2）插上电器插接件。

（3）用螺栓固定后尾灯总成。

（4）关闭尾门。

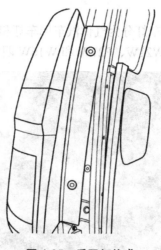

图 4-35 后尾灯总成

3. 后尾灯总成灯泡的更换

五菱荣光后尾灯总成灯泡（图 4-36）的更换步骤如下。

注意：操作前请先断开蓄电池负极端子。请勿带电操作，以免蓄电池短路造成人身伤害和车辆损坏。

1）拆卸步骤

（1）打开尾门。

（2）拆下后组合灯总成固定螺栓。

（3）沿逆时针方向旋出灯座。

注意：拆卸灯泡时要使用隔热材料包裹灯泡，以免烫伤。

（4）沿逆时针方向旋出灯泡。

（5）拆下灯泡。

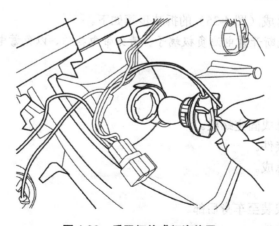

图 4-36 后尾灯总成灯泡位置

2）安装步骤

（1）沿顺时针方向旋入灯泡。

(2) 将灯座旋入组合灯总成。

(3) 用螺栓固定后组合灯总成。

(4) 关闭尾门。

训练2 制动灯、倒车灯故障检修

1. 训练准备

(1) 设备准备：五菱荣光轿车两台、汽车万用表、常用拆装工具。

(2) 资料准备：五菱荣光2014款维修手册。

2. 制动灯电路

查找维修手册，找出制动灯的电路图，如图4-37所示。（车型为2014五菱荣光，1.2L）

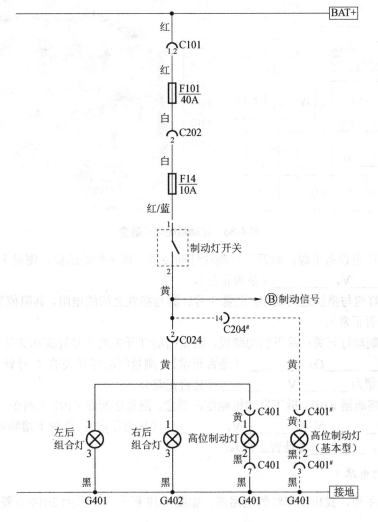

图4-37 制动灯电路原理图

3. 右后制动灯不亮故障诊断流程

1）工作原理

根据制动灯电路，分析制动灯的工作原理如下：踩下制动踏板，刹车灯开关接通，电流 BAT+经过熔断器 F101→制动灯开关的 1 号和 2 号针脚→右后制动灯泡 1 号和 3 号针脚→接地，形成回路，将制动灯灯点亮。

2）故障分析

根据其原理，可以分析大概的故障原因，可能是开关、熔断器、灯泡等出现故障。

3）诊断流程

（1）元件查找：分别找出制动灯开关、熔断器 F101、右后制动灯的位置，如图 4-38 所示。

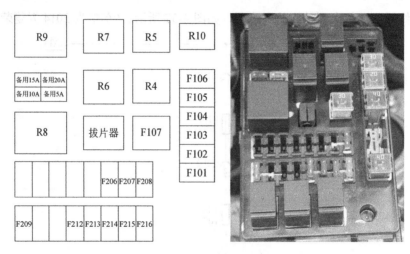

图 4-38　发动机舱熔断器盒

（2）检查用电设备电源：断开右后制动灯插接器，踩下制动踏板，测量 1 号针脚电压，其数据为_____V，_____（是否正常）。

（3）检查灯泡与搭铁之间线路：测量 3 号针脚与搭铁之间的电阻，其阻值为_____Ω，_____（是否正常）。

（4）检查制动灯开关：踩下制动踏板，测量制动灯开关的 1 号针脚和 2 号针脚之间的电阻，其阻值为_____Ω；_____（是否正常）；测量制动灯开关的 1 号针脚与搭铁之间的电压，其数据为_____V，_____（是否正常）。

（5）检查熔断器 F101：拆下发动机舱熔断器盒，测量熔断器 F101 上两个金属点的电压，其数据分别为_____V 和_____V，_____（是否正常）；再取下熔断器 F101，目测熔断器的情况，_____（是否正常）。

4. 倒车灯电路

查找维修手册，找出倒车灯的电路图，如图 4-39 所示（车型为 2014 五菱荣光，1.2L）。

5. 倒车灯不亮的故障诊断流程

1）工作原理

根据倒车灯电路，分析倒车灯的工作原理如下：将挂挡手柄置于 R 挡，倒车开关接通，电流 BAT+经过熔断器 F5→倒车开关的 1 号和 2 号针脚→倒车灯泡 4 和 3 号针脚→接地，形成回路，将倒车灯点亮。

2）故障分析

根据其原理，可以分析大概的故障原因，可能是倒车开关、熔断器 F5、灯泡等出现故障。

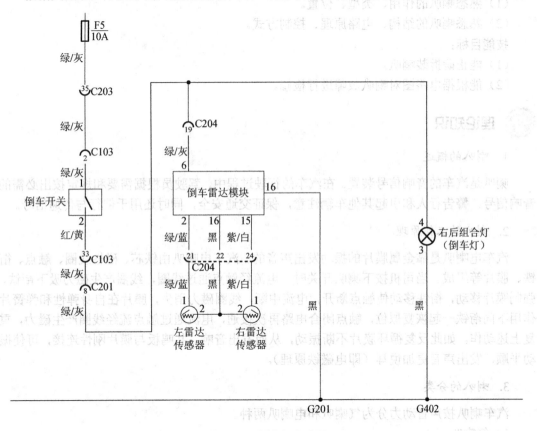

图 4-39 倒车灯电路图

3）诊断流程

根据电路图和工作原理，写出倒车灯不亮的故障诊断流程。

4.4 喇叭故障检修

知识目标：
(1) 熟悉喇叭的作用、类型、位置。
(2) 熟悉喇叭的结构、电路原理、控制方式。
技能目标：
(1) 能正确拆装喇叭。
(2) 能根据电路图对喇叭故障进行检修。

1. 喇叭的概述

喇叭是汽车的音响信号装置。在汽车的行驶过程中，驾驶员根据需要和规定按出必需的音响信号，警告行人和引起其他车辆注意，保证交通安全，同时还用于催行与传递信号。

2. 喇叭的工作原理

汽车电喇叭是靠金属膜片的振动发出声音的。汽车电喇叭由铁芯、磁性线圈、触点、衔铁、膜片等组成。当司机按下喇叭开关时，电流经触点通过线圈，线圈产生磁力吸下衔铁，强制膜片移动，衔铁移动使触点断开，电流中断，线圈磁力消失，膜片在自身弹性和弹簧片作用下同衔铁一起恢复原位，触点闭合电路再次接通，电流通过触点流经线圈产生磁力，重复上述动作。如此反复循环膜片不断振动，从而发出音响。共鸣板与膜片刚性连接，可使振动平顺，发出声音更加悦耳（即电磁铁原理）。

3. 喇叭的分类

汽车喇叭按声音动力分为气喇叭和电喇叭两种。

1) 气喇叭

气喇叭的工作原理是利用压缩空气的气流使金属膜片振动而发出声音，因此必须在带有空气压缩机的汽车上方能使用。一般大客车和重型货车上都装有气喇叭，如图4-40所示。

图4-40　气喇叭

2)电喇叭

电喇叭的工作原理是利用电磁吸力使金属膜片振动而发出声音。它是汽车上广泛应用的一种喇叭,电喇叭按结构形式分为筒形(图4-41)、螺旋形(图4-42)和盆形(图4-43)三种,一般多制成螺旋形或盆形。

图 4-41 筒形喇叭

图 4-42 螺旋形喇叭

图 4-43 盆形喇叭

技能训练

训练 1 喇叭按钮的更换

1. 训练准备

(1)设备准备:五菱宏光轿车两台、汽车万用表、常用拆装工具。

(2)资料准备:五菱宏光 2014 款维修手册。

2. 喇叭按钮的拆装更换

1)拆卸步骤

(1)拆下电池负极线缆。

注意:拆下电池负极线,要等待 1 分钟,让 SDM 的电容放电,电容提供储备电源,即使电池发生断路,仍可点爆气囊,气囊误爆将会导致人员伤害。

(2)将方向盘摆在中间位置。

(3)拆除驾驶员侧气囊模块的固定螺栓 a,如图 4-44 所示。

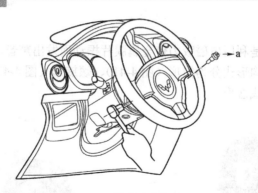

图 4-44 拆除固定螺栓 a

注意：放置气囊模块时，务必保证方向盘上盖朝上，以便气囊误爆时能有展开的空间，如果没有空间，模块将冲向旁人或旁边的东西，造成人员伤害或车辆损坏。

（4）拆下气囊模块，如图 4-45 所示。

先拆下驾驶员侧气囊模块接头①，再拆下喇叭接头②，最后拆下气囊模块③。

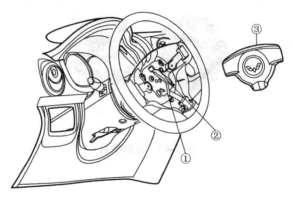

图 4-45 拆下气囊模块

（5）松开喇叭按钮螺钉。

（6）拆下喇叭按钮，如图 4-46 所示。

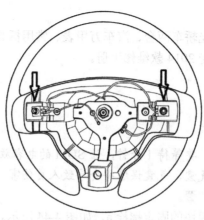

图 4-46 拆下喇叭按钮

2）安装步骤

（1）安装喇叭按钮至方向盘。

（2）紧固喇叭按钮螺钉。

（3）接上喇叭和气囊模块的接头。

（4）安装驾驶员侧气囊模块。

（5）用普通螺钉扳手拧上气囊模块，扭力螺栓的拧紧力矩为6～10N·m。

（6）接上电池负极线缆。

训练2　喇叭故障检修

1. 训练准备

（1）设备准备：五菱宏光轿车两台，汽车万用表、常用拆装工具。

（2）资料准备：五菱宏光14款维修手册。

2. 喇叭的电路

查找维修手册，找出喇叭的电路图，如图4-47所示（车型为2014五菱荣光，1.2L）。

3. 喇叭不响故障诊断流程（低配车）

1）工作原理熔断器

根据喇叭电路，分析喇叭的工作原理如下：按下喇叭开关电路接通，电流BAT+经过熔断器F215→喇叭的1号和2号针脚→喇叭开关的1号和2号针脚→接地，形成回路，从而喇叭响起。

2）故障分析

根据其原理，可以分析大概的故障原因，可能是开关、熔断器、喇叭等出现故障。

3）诊断流程

（1）元件查找：在车上分别找出喇叭开关、熔断器F215（图4-48）、喇叭的位置。

（2）检查用电设备电源：断开喇叭插接器，测量1号针脚电压，其数据为_____V，_____（是否正常）

（3）检查喇叭与搭铁之间线路：断开喇叭插接器，按住喇叭开关，测量2号针脚与搭铁之间的电阻，其阻值为_____Ω，_____（是否正常）。

（4）检查喇叭开关：拆下喇叭开关，测量喇叭开关的1号针脚和2号针脚之间的电阻，其阻值为_____Ω，_____（是否正常）；测量喇叭开关的2号针脚与搭铁之间的电压，其数据为_____V，_____（是否正常）。

（5）检查熔断器F215：拆下发动机舱熔断器盒，测量熔断器F215上两个金属点的电压，其数据分别为_____V和_____V，_____（是否正常）；再取下熔断器F215，目测保险的情况，_____（是否正常）。

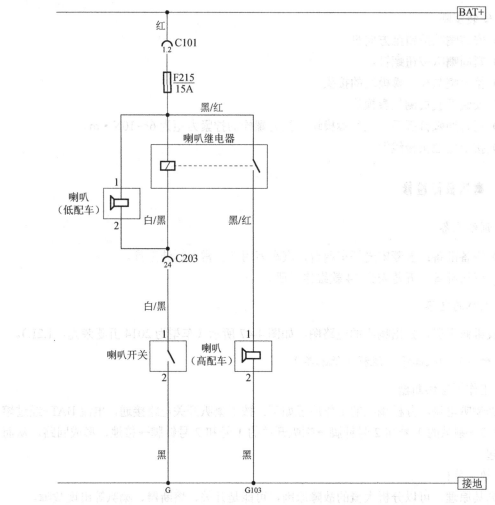

图 4-47 喇叭电路原理图

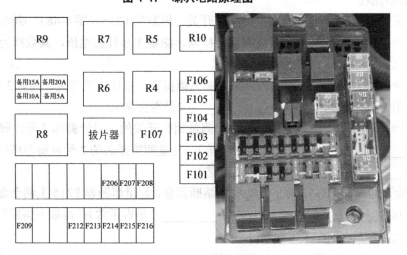

图 4-48 发动机舱熔断器盒

4.5 电控前照灯介绍

知识目标：
（1）掌握电控前照灯的结构、基本组成。
（2）掌握电控前照灯的原理。

1. 电控前照灯的结构及原理

以科鲁兹轿车前照灯为例介绍电控前照灯的结构和原理。科鲁兹轿车的电控前照灯系统，主要由信号装置、车身控制模块、执行装置三部分组成。其中，信号装置主要有点火开关、小灯开关、前照灯开关、雾灯开关等灯光开关，执行装置主要有小灯、近光灯、远光灯、雾灯等灯光信号。其电控前照灯的电路组成如图 4-49 所示。

1）近光灯的工作原理：

将前照灯开关 S30 置于前照灯挡，车身控制模块 K9 接收到前照灯信号电路和驻车灯信号电路的搭铁信号。车身控制模块直接给左右两侧近光灯通电将其点亮，工作原理简图如图 4-50 所示。

2）远光灯的工作原理：

车身控制模块 K9 接收到前照灯开关 S30 开启前照灯的信号后将近光灯点亮，此时如果再收到转向信号\多功能开关 S78 的变光信号，车身控制模块就控制前照灯远光继电器 KR48 线圈搭铁，使远光灯通电并点亮，工作原理简图如图 4-51 所示。

2. 两近光灯不亮的分析与诊断

1）故障描述

点火开关置于 ON 挡，将前照灯开关置于前照灯挡，转向信号\多功能开关切换到近光，两侧近光灯都不亮。切换转向信号\多功能开关至远光和闪烁挡（超车挡），两侧远光都可以点亮。

2）故障分析

根据故障现象结合电路可知，远光可以点亮说明前照灯开关 S30、转向信号\多功能开关、前照灯开关至车身控制模块的信号线路正常，近光灯灯泡至车身的搭铁线路正常。故障可能的原因有左右近光灯灯丝断路、左右近光灯至车身控制模块线路断路、车身控制模块故障等。

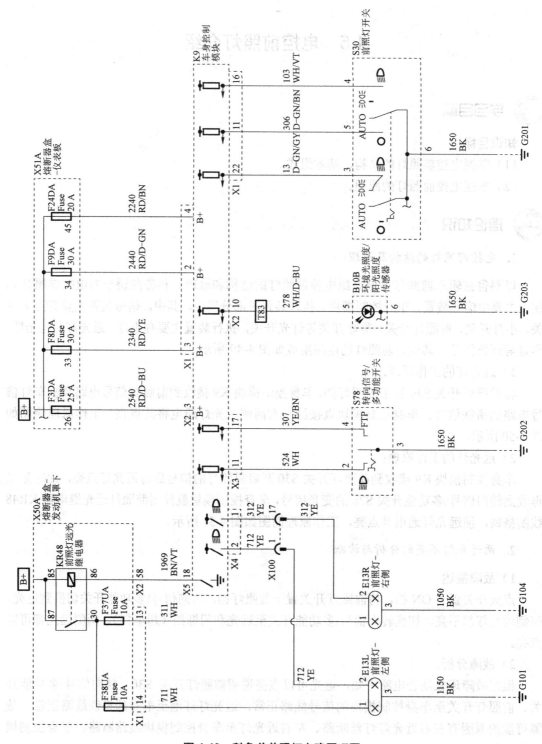

图 4-49　科鲁兹前照灯电路原理图

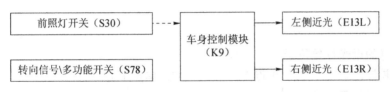

图 4-50 近光灯工作原理简图

图 4-51 远光灯工作原理简图

3）故障诊断

根据汽车故障诊断的基本原则，先简后繁、先易后难进行检测，具体步骤如下。

（1）将点火开关置于 ON 挡，前照灯开关 S30 置于前照灯挡，转向信号\多功能开关切换到近光位置。

（2）断开前照灯插接器 E13L 或 E13R，将测试灯放在 E13L 或 E13R 上的 2 号端子上，观察测试灯是否点亮，如果测试灯点亮，则需要更换灯泡，故障排除。如果测试灯不能点亮，则执行步骤（3）。

（3）断开车身控制模块 K9 上的 X4 插接器，测量 X4 上的 1 号端子和 E13R 上的 2 号端子之间的电阻，若大于 5Ω，则应检查并更换 K9 和 E13R 之间的线束，排除故障。若小于 5Ω，则应更换车身控制模块 K9，排除故障。

 课后习题

一、填空题

1．汽车灯具按功能可分为_____和_____。汽车的照明系统主要由_____、_____和_____三大部分组成。

2．制动灯又叫_____，它装在汽车的_____，多采用组合式灯具，也有_____。

3．前照灯的光学系统包括_____、_____和_____三部分。

4．喇叭按发音动力有气压振动式 和电磁振动式之分，按外形有_____、_____和_____之分。

5．小灯又叫_____，它装在汽车前后两侧_____，一般有_____一灯两用式和组合式。

6．照明与信号系统，是汽车安全行驶的主要装置。根据其作用可分_____、_____、_____装置等。

7．按照光源的类型，前照灯可以分为：_____、_____、_____、_____。

8．氙气大灯由_____、_____和_____组成。接通电源后，通过变压器，在几微秒内升压到_____伏以上的高压脉冲电加在石英灯泡内的金属电极之间。

二、选择题

1. 前照灯的近光灯丝位于（　　）。
   A. 焦点上方　　　B. 焦点上　　　C. 焦点下方
2. 转向信号灯闪光频一般为（　　）。
   A. 65～120 次/min　　　　　　　B. 45～60 次/min
   C. 125～145 次/min
3. 制动灯灯光的颜色应为（　　）。
   A. 红色　　　B. 黄色　　　C. 白色
4. 汽车在夜间行驶出现故障，停在路边，应打开（　　）向其他车辆示意。
   A. 转向信号灯　B. 制动灯　　C. 尾灯　　　D. 危险警告灯
5. 制动灯要求其灯光在夜间能明显指示（　　）。
   A. 30m 以外　　B. 60m 以外　　C. 100m 以外
6. 采用双丝灯泡的前照灯，其远光灯丝功率较大，位于反射镜的（　　）。
   A. 焦点上　　　B. 圆心上　　　C. 镜面上
7. 控制转向灯闪光频率的是（　　）。
   A. 转向开关　　B. 点火开关　　C. 闪光器
8. 四灯制前照灯的内侧两灯一般使用（　　）。
   A. 双丝灯泡　　B. 单丝灯泡　　C. 两者均可
9. 在调整光束位置时，对具有双丝灯泡的前照灯，甲认为以调整近光光束为主，乙认为以调整远光光束为主。你认为（　　）。
   A. 甲对　　　B. 乙对　　　C. 甲、乙都对　　D. 甲、乙都不对
10. 对汽车前照灯照明的要求，下列说法正确的是（　　）。
    A. 有防眩目装置　　　　　　　B. 照亮前方 100m 以上
    C. 灯泡亮度随外界环境自动调节　D. 灯泡是卤钨灯泡

三、简答题

1. 哪几种灯属于照明用的灯具？
2. 哪几种灯属于信号及标志用的灯具？
3. 前照灯的用途有哪些？
4. 简述现代车辆对前照灯的基本要求。
5. 造成转向灯闪光频率不正常的原因有哪些？
6. 列出更换喇叭开关的注意事项。

第5章　检修汽车辅助电气设备系统

（1）了解汽车辅助电器的作用、组成及各主要部件的功能。
（2）能够拆装辅助电器各主要零部件。
（3）认识辅助电器的工作过程。
（4）能够维修辅助电气系统。

5.1　风窗清洗装置检修

知识目标：
（1）掌握风窗清洗装置的结构、电路原理。
（2）掌握风窗洗涤装置的控制方式及工作过程。
技能目标：
（1）会使用风窗清洗装置，并能对风窗清洗装置的工作是否正常做出判断。
（2）能够根据维修手册对电动刮水器进行更换。
（3）能够根据电路图对风窗刮水、清洗装置的故障进行检修。

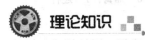

1. 车窗刮水器开关

车窗刮水器开关如图 5-1 所示。

2. 车窗刮水器的作用

为了保证在各种条件下使用汽车时，驾驶室的风窗玻璃表面都能保持干净、清洁，汽车上增设了车窗刮水器和风窗玻璃洗涤器装置。有些汽车还装有风窗玻璃除霜装置，保证驾驶员在雨雪天有良好的视野。

 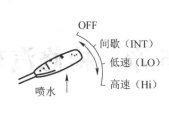

图 5-1　车窗刮水器的开关

3. 车窗刮水器的组成

车窗刮水器（图 5-2）主要由刮水器电动机、传动机构（蜗轮、摇臂、连杆）、刮水器臂、刮水片架及刮水片等组成。

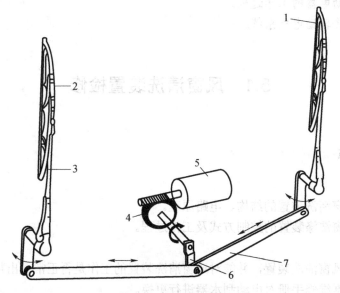

图 5-2　车窗刮水器

1—刮水片；2—刮水片架；3—刮水器臂；4—蜗轮；5—刮水器电动机；6—摇臂；7—连杆

1）传动机构

传动机构由减速齿轮和连杆机构组成。减速齿轮由电动机驱动的连杆、蜗轮组成，蜗轮上有一凸轮片（铜环），作为凸轮开关，如图 5-3 所示。

连杆机构由数个连杆组成，连杆机构将刮水器电动机动力传至蜗轮后面连杆组的滑动接头，滑动接头使连杆组做直线运动，再经连杆组使刮水器片产生摆动。

2）凸轮开关

电动机开关关闭后，当刮水片不在固定位置时，凸轮开关使雨刷电动机仍可运转，直至刮水片到固定位置后停止。刮水片静止时，都会在玻璃边缘，不妨碍驾驶者的视线。刮水片固定的位置又称复位位置。凸轮开关包含蜗轮上一只缺口凸轮盘和三个触点。

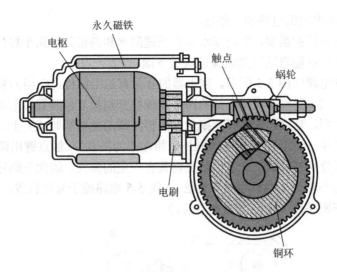

图 5-3　车窗刮水器电动机

3）刮水器开关

刮水器开关如图 5-1 所示。与灯路开关组成一体控制，用综合开关的右侧杆操作，分为间歇型或连续型两种，将操作杆向驾驶者方向拨时，不论任何位置皆可喷水；将操作杆向驾驶者方向拉时，第一段为间歇位置，可使刮水片以间隔时间刷动（现皆可调整间歇时间），第二段为低速，第三段为高速。

4）刮水器臂及刮水片。刮水器臂与刮水片是刮水器系统的主要组件。刮水器的结构如图 5-2 所示，是一把附着金属杆的橡胶刮刀，金属杆称为刮水器臂。刮水器通过刮水器臂进行弧形移动。

4. 永磁式电动刮水器

1）主机结构

永磁式电动风窗玻璃刮水器的主机结构如图 5-4 所示。

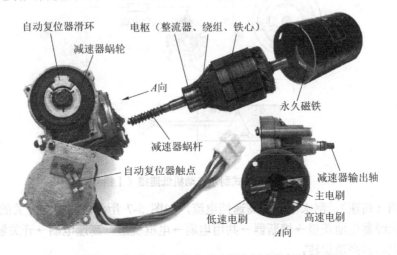

图 5-4　永磁式电动风窗玻璃刮水器主机解体图

2）永磁式刮水电动机电路的工作过程

为了满足实际使用的需要,电动刮水器有低速刮水和高速刮水两个挡位,且在任意时刻刮水结束后,刮水片都能自动回到风窗玻璃最下端。

刮水器的控制电路如图 5-5 所示。刮水器的开关有三个挡位:O 挡为复位挡,Ⅰ挡为低速挡,Ⅱ挡为高速挡。刮水器开关内部的四个接线柱分别接复位装置、电动机低速电刷、搭铁、电动机高速电刷。复位装置在减速蜗轮（由塑料或尼龙材料制成）上,嵌有铜环。此铜环分为两部分,其中一部分铜环与电动机外壳相连（为搭铁）。触点臂用磷铜片或其他弹性材料制成,其一端分别铆有触点。由于触点臂具有一定的弹性,因此在蜗轮转动时,凸轮开关也转动,触点与凸轮开关的铜环保持接触。（图 5-5 电路处于复位位置,三档开关在 O 挡位置,凸轮开关在断路位置上,电枢无电流。）

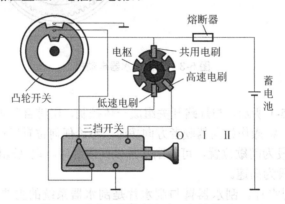

图 5-5 刮水器的控制电路（复位位置）

（1）Ⅰ挡（低速挡）,刮水电动机低速挡电流,如图 5-6 所示。将组合开关的刮水手柄置于Ⅰ挡,电流经蓄电池正极→熔断器→共用电刷→电枢绕组→低速电刷→开关触点→搭铁,构成回路,电动机低速运转。

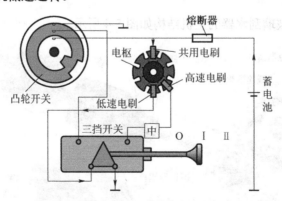

图 5-6 永磁式刮水电动机低速挡（Ⅰ挡）

（2）Ⅱ挡（高速）,刮水电动机高速挡电流,如图 5-7 所示。将组合开关的刮水手柄置于Ⅱ挡,电流经蓄电池正极→熔断器→共用电刷→电枢绕组→高速电刷→开关触点→搭铁,构成回路,电动机高速运转。

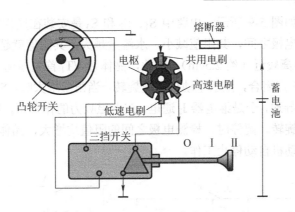

图 5-7 永磁式刮水电动机高速挡（Ⅱ挡）

（3）O 挡（停止），电动机复位时的电流，如图 5-8 所示。将组合开关的刮水手柄置于 O 挡，电流经蓄电池正极→熔断器→共用电刷→电枢绕组→低速电刷→开关触点→触点臂→铜环→搭铁，由此可以看出，电动机仍以低速运转直至蜗轮旋转到图 5-5 所示的特定位置，电路断路。自动复位的工作过程如表 5-1 所示。

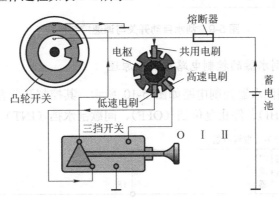

图 5-8 永磁式刮水电动机停止挡（O 挡）

5. 固定间歇式刮水器

汽车刮水器上都加装了电子间歇控制系统，使刮水器能按照一定的周期停止和刮水，这样在小雨或雾天中行驶时，玻璃上不会形成发黏的表面，驾驶员可以有更好的视线。

当组合开关刮水手柄置于间歇挡时，间歇刮水控制器开始工作，定时接通低速刮水继电器，刮水器以间歇形式刮水，工作电路与低速电路相同。

间歇时间由间歇继电器控制，利用电动机的复位开关触点与继电器电阻电容的充放电功能使刮水器按照固定的周期工作。

间歇式刮水器的开关，除了有复位档（off）、低速档、高速档外，还有间隙档（INT），有些车型上有洗涤装置，在档位上有洗涤档；在开关的标注上，低速档标注Ⅰ或 LO，高速档标注Ⅱ或 HI。

6. 自动间歇式刮水器

自动间歇式刮水器的控制电路根据雨量大小自动开闭，并自动调节间歇时间。刮水自动开关与调速控制电路如图 5-9 所示。电路中 S_1、S_2 和 S_3 是安装在风窗玻璃上的流量检测电极，雨水落在两检测电极之间，其阻值减小。水流量越大，其阻值就越小。

S_1 与 S_3 之间的距离较近（约 2.5cm），因此，晶体管 VT_1 首先导通，继电器 J_1 通电，在电磁吸力的作用下，P 点闭合，刮水电动机低速旋转。当雨量增大时，S_1 与 S_2 之间的电阻减小使得晶体管 VT_2 也导通，于是继电器 J_2 通电，在电磁吸力的作用下，A 点断开，B 点接通，刮水电动机转为高速旋转。雨停时，检测电极之间的阻值均增大，晶体管 VT_1、VT_2 截止，继电器复位，刮水电动机自动停止工作。

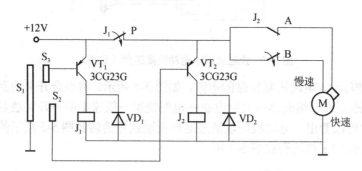

图 5-9　刮水自动开关与调速控制电路

7. 典型车辆电动刮水器的控制电路及工作原理

丰田轿车风窗玻璃刮水器控制电路如图 5-10 所示，其控制开关有五个挡位，分别是低速挡（LO）、高速挡（HI）、停止复位挡（OFF）、间歇刮水挡（INT）和喷洗器挡。

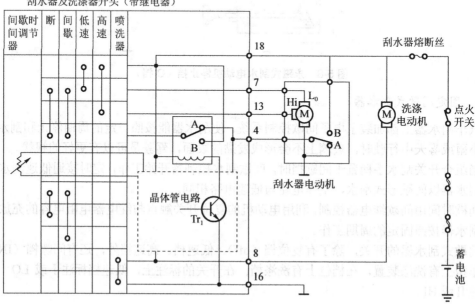

图 5-10　丰田汽车电动刮水器的控制电路

1) LO 挡（低速挡）

当刮水器开关置于低速挡时，电流的回路为蓄电池+→端子 18→刮水器控制开关 LOW/MIST 触点→端子 7→刮水器电动机低速电刷 LO→共用电刷→搭铁，形成回路，此时电动机低速运行。

2) HI 挡（高速挡）

当刮水器开关置于高速挡时，电流的回路为蓄电池+→端子 18→刮水器控制开关 HIGH 触点→端子 13→刮水电动机高速电刷 HI→共用电刷→搭铁，形成回路，此时电动机高速运转。

3) OFF 挡（停止复位挡）

当刮水器开关置于停止复位挡时，若刮水片不处于停止位置，凸轮开关的触点 B 接通，A 断开，雨刷电动机仍可运转，直至刮水片处于停止位置后停止。电流回路为蓄电池+→凸轮开关触点 B→端子 4→继电器触点 A→刮水器开关 OFF 触点→端子 7→刮水器电动机低速电刷 LO→共用电刷→搭铁。当刮水器处于停止位置时，凸轮开关 B 断开，A 接通，电动机停止运转。

4) INT 挡（间歇刮水挡）

当刮水器开关置于间歇刮水（INT）挡时，晶体管电路 Tr_1 先短暂导通，此时电流回路为蓄电池+→端子 18→继电器线圈→Tr_1→端子 16→搭铁。

线圈中产生磁场，使得继电器常闭触点 A 打开，常开触点 B 关闭。这时电动机低速运转，电路回路为蓄电池+→端子 18→继电器触点 B→刮水器开关 INT 触点→端子 7→刮水器电动机低速电刷 LO→共用电刷→搭铁。

然后 Tr_1 截止，继电器的触点 B 断开，触点 A 闭合，如果刮水片不在停止位置时电动机继续转动，凸轮开关的触点 A 断开，触点 B 闭合，电流继续流至电动机的低速电刷，电动机低速运转，此时的电流回路为蓄电池+→凸轮开关触点 B→端子 4→继电器触点 A→刮水器开关 INT 触点→端子 7→刮水器电动机低速电刷 Lo→共用电刷→搭铁。

当刮水器处于停止位置时，凸轮开关 B 断开，A 接通，电动机停止运转。

刮水电动机停止转动一段时间以后，晶体管电路 Tr_1 再次短暂导通，刮水器重复间歇动作，其间歇时间调节器可以调节间歇的时间的长短。

5) 喷洗器挡

喷洗器开关接通，在喷洗器电动机运转时，晶体管电路 Tr_1 在预定的时间内接通，使刮水器低速运转 1~2 次。喷洗器的电路为蓄电池+→喷洗器电动机→端子 8→喷洗器开关端子→端子 16→搭铁。刮水器的电路为蓄电池+→端子 18→继电器触点 B→刮水器开关 INT 触点→端子 7→刮水器电动机低速电刷 LO→共用电刷→搭铁。这样就开始边喷洗边间歇刮水。

8. 电动刮水器新技术

1) 全区域刮水器系统

在正常的刮水器系统，当刮水片以高速运行时，由于刮水片转速的惯性使风窗玻璃的擦拭区域变大；当刮水片以低速操作时，擦拭区域相对变小，也就是说低速运行时，风窗玻璃的未擦拭区域变大了。全区域刮水系统就很好地解决了这一问题，它可以自动使擦拭区域变大或变小，减少以低速运行时的未擦拭区域。

2）车速感测技术（可调间隔时间的 INT 功能）

当刮水器开关位于 INT 位置时，此功能按照车速控制雨刷的运行间隔时间。间隔时间调整范围由三步组成，可以通过操作间隔调节器来选择，并且每个范围内间隔时间可以无级控制（间隙时间线性控制，没有级别）。

3）车速切换技术

当刮水器开关处于 LO 位置，并且车辆停止时，利用该技术可以自动切换到间歇操作。

4）自动刮水器系统

电动刮水器虽然能够实现间歇控制，但不能随雨量的变化及时调整刮水频率。自动刮水器系统能根据雨量的大小自动调节刮水器的刮水频率，使驾驶员始终保持良好的视线。

9. 风窗玻璃洗涤装置

1）风窗玻璃洗涤装置的组成

风窗玻璃洗涤装置的组成如图 5-11 所示，主要由储液罐、洗涤泵、软管、喷嘴等组成。其基本工作原理是，工作时，开动洗涤泵，将储液罐的洗涤液通过软管、喷嘴喷在风窗玻璃上，将尘污湿润，然后通过刮水器的刮水片来回运动，将风窗玻璃洗刷干净。

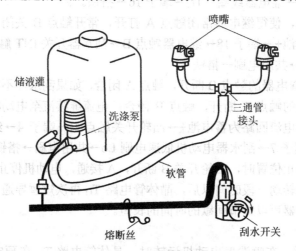

图 5-11　风窗玻璃洗涤装置的组成

洗涤泵一般由永磁直流电动机和离心叶片泵组装成为一体。喷射压力可达 70~88kPa。

洗涤泵一般直接安装在储液罐上，但也有安装在管路内的。在离心泵叶片的进口处设置有滤清器。

喷嘴安装在风窗玻璃下面，喷嘴方向可以调整，使水喷射在风窗玻璃的适当位置，喷嘴直径一般为 0.8~1mm。喷嘴的安装有两种形式：一种是在前围板总成的左右两面各安装一个喷嘴，各自冲洗规定区域。另一种是将喷嘴安装在刮水器臂内，当刮水器臂做弧形刮水运动时，喷嘴即刻向风窗玻璃上喷射清洗液。

洗涤泵连续工作一般不超过 1min，对刮水和洗涤分别控制的汽车，应在开动洗涤泵后接通刮水器，喷水停止后，刮水器应继续刮水 3~5 次，经过这样的配合，可以达到良好的清洁效果。

洗涤液一般由水或者水与添加剂制成。为了能清洗风窗玻璃上的油、蜡等物，可在水中加少量的去垢剂和防腐剂。冬季不用洗涤器时，应将洗涤管中的水放掉。

10. 风窗玻璃除霜装置

冬季风窗玻璃上易结冰霜，用刮水器是无法清除的，除去冰霜有效的方法是加热玻璃。前风窗玻璃和侧窗玻璃可利用暖风进行除霜，后风窗玻璃一般利用电阻丝组成的电栅加热除霜即电热式除霜。

后风窗玻璃除霜器一般是在玻璃成型过程中，将很细的电阻丝烧结在玻璃表面上。它由一组平行的含银陶瓷电阻丝组成，在玻璃两侧有汇流条，各焊有一个接线柱，其中一个用来供电，另一个是搭铁接线柱。这种除霜器的工作电流较大，因此电路中除设有开关外，有的还设有一个定时继电器。这种继电器在通电 10min 后能自动断电，如霜还没有除净，驾驶员可再次接通开关，但在此之后每次只能通电 5min。

对电阻丝通电控制方式可分为手动和自动两种。自动式除霜器由开关、自动除霜传感器、自动除霜控制器、除霜电阻丝和连接线路等组成，如图 5-12 所示。自动除霜传感器安装在后风窗玻璃上，其作用是将后风窗玻璃上是否结霜、结霜层的厚度告知控制电路，结霜厚度越大，传感器的电阻越小。

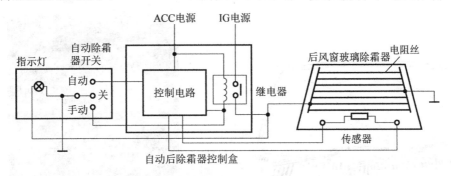

图 5-12 后风窗玻璃自动控制除霜装置

除霜装置的工作过程如下。

（1）将自动除霜器开关置于自动的位置时，如果霜层凝结到一定的厚度，传感器电阻值减小到某一设定值以下，控制器即可使继电器磁化线圈的电流经控制电路搭铁，在电磁力的作用下，继电器触点闭合。由点火开关端子 IG 来的电源电压经继电器到除霜电热线构成回路，同时点亮仪表板上的除霜指示灯，表示除霜器正在进行除霜。

当后风窗玻璃上的结霜逐渐减少至消失后，传感器的电阻增大，控制器便切断继电器的搭铁回路，除霜和指示灯电路被切断，除霜器停止工作，指示灯熄灭。

（2）将自动除霜器开关置于手动的位置时，继电器磁化线圈可经手动触点搭铁，继电器触点闭合，使除霜电热线和指示灯工作。

（3）将自动除霜器开关置于关的位置时，控制电路不能接通除霜电热线和指示灯电路，因此，除霜器和指示灯均不能工作。

技能训练

训练 1　电动刮水器的更换

1. 训练准备

（1）设备准备：五菱荣光轿车两台、汽车万用表、常用拆装工具。

（2）资料准备：五菱荣光 2014 款维修手册。

2. 电动刮水器的拆卸

1）拆卸前刮水器

拆卸前刮水器臂的步骤如图 5-13 所示。

（1）确认刮水器臂在下止点位置。

（2）揭去前刮水器臂固定螺母装饰盖。

（3）松开前刮水器臂固定螺母。

（4）拆下前刮水器臂。

2）拆卸前刮水器电动机总成

拆卸前刮水器电动机总成的步骤如图 5-14 所示。

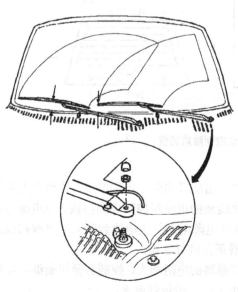

图 5-13　前刮水器臂的拆卸

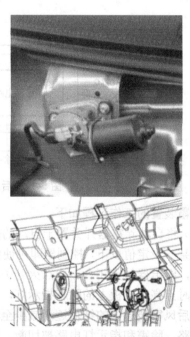

图 5-14　前刮水器电动机的拆卸

（1）拆下前罩板格栅组件。

（2）断开刮水器电动机与连杆连接端。

（3）断开刮水器电动机电器插接件。

（4）拆下刮水器电动机固定螺栓。
（5）拆下前刮水器电动机总成。

3. 电动刮水器的安装

1）安装新的前刮水器电动机总成
（1）安装新的刮水器电动机总成。
（2）连接刮水器电动机电器插接件。
（3）将刮水器开关置于间歇挡，并在刮水器电动机处于复位位置时关闭点火开关。

2）安装前刮水器臂
（1）确认前刮水器臂在初始位置。
（2）连接前刮水器臂连杆至刮水器电动机曲柄。
（3）安装前罩板格栅组件。
（4）安装前刮水器臂。

4. 喷水位置调整

检查刮水器喷嘴的喷水高度（最佳喷水高度为前风窗玻璃高度的 3/4 处），如图 5-15 所示。

图 5-15　喷水位置调整

训练 2　风窗玻璃清洗装置检修

1. 训练准备

（1）设备准备：五菱荣光轿车两台、汽车万用表、常用拆装工具。
（2）资料准备：五菱荣光 2014 款维修手册。

2. 风窗玻璃刮水器工作电路

五菱荣光风窗玻璃刮水器工作电路如图 5-16 所示。

3. 风窗玻璃刮水器故障诊断及检修

1）故障现象

风窗玻璃刮水器的间歇挡不工作，其余正常。

2）检修步骤

（1）根据维修手册中的电路图，画出风窗玻璃刮水器的间歇挡的电路图，如图 5-17 所示。

（2）根据维修手册查找三合一控制器在车上_____（位置），熔断器 F1 在车上_____（位置）。

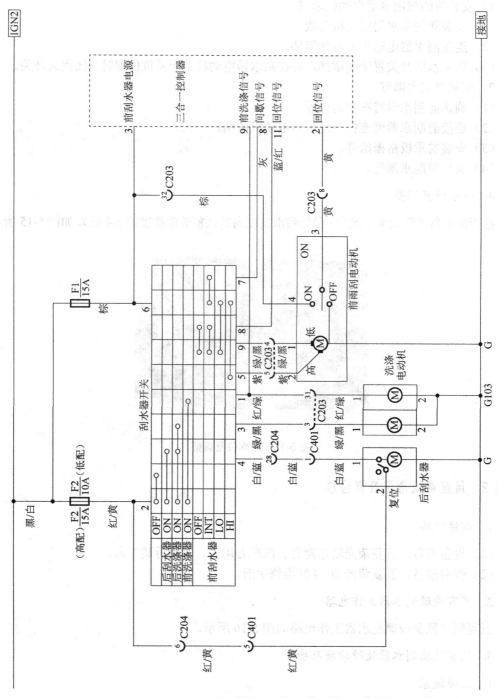

图 5-16　风窗玻璃刮水器工作电路图

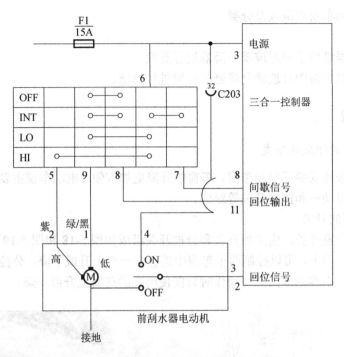

图 5-17 风窗玻璃刮水器的间歇挡电路图

（3）分析故障可能原因是_____、_____、_____。

（4）将点火开关置于 ON 挡，刮水器开关置于间歇挡，检查刮水器开关 7 号引脚电压，数据为_____V。

（5）检查刮水器开关 7 号引脚与三合一控制器 8 号引脚的电阻，阻值为_____，_____（是否正常）。

（6）检查三合一开关 2 号引脚与前刮水器电动机 3 号引脚线路的电阻，阻值为_____，_____（是否正常）。

（7）检查前刮水器电动机开关是否良好，8 号引脚与 9 号引脚的电阻值为_____，_____（是否正常）；6 号引脚与 7 号引脚的电阻值为_____，_____（是否正常）。

（8）根据以上测量结果，做出故障判断：_____，_____。

5.2 玻璃升降系统检修

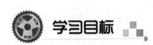

知识目标：

（1）掌握玻璃升降系统的结构、电路原理、控制方式。

（2）知道电动车窗的组成及分类。

技能目标：

（1）能够根据维修手册对玻璃升降器进行更换。

（2）能够根据电路图对玻璃升降器的故障进行检修。

 理论知识

1. 电动车窗的组成及分类

现代轿车中普遍安装了电动车窗，车窗的升降更加方便。电动车窗主要由车窗玻璃、车窗玻璃升降器、电动机和控制开关等组成。

1）电动车窗的开关

汽车的电动门窗开关，由主控开关和分控开关组成如图5-18和图5-19所示。主控开关安装在驾驶员侧车门上，可以控制四个车窗中的任意一个上升或下降；分控开关有三个，分别安装在其他三个乘客侧车门上，操作时只能使所在的车窗上升或下降。

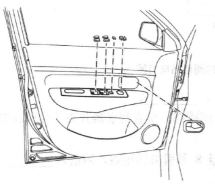

图 5-18 主控开关

图 5-19 分控开关

2）常见的电动车窗升降机构

常见的电动车窗升降机构有交叉臂式、绳轮式和软轴式等几种。

（1）交叉臂式玻璃升降器。

交叉臂式玻璃升降器由座板、平衡弹簧、扇形齿板、胶条、玻璃托架、主动臂、从动臂、导向槽板、垫片、动弹簧、摇把、小齿轮轴组成，如图5-20所示。

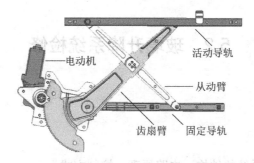

图 5-20 交叉臂式玻璃升降器

(2) 绳轮式玻璃升降器。

绳轮式玻璃升降器由小齿轮、扇形齿轮、钢丝绳、运动托架、滑轮、带轮、座板齿轮组成，如图 5-21 所示。驱动固联于扇形齿轮的带轮，从而带动钢丝绳，钢丝绳的松紧度可利用张紧轮进行调节。该升降器所用零件少，自身质量轻，便于加工，所占空间小，常用于小型轿车。

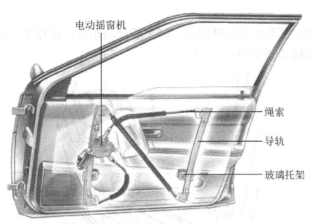

图 5-21　绳轮式玻璃升降器

(3) 软轴式升降器。

软轴式升降器主要由摇窗电动机、软轴、成形轴套、滑动支座、支架机构及护套等组成，如图 5-22 所示。当电动机旋转时，输出端上的链轮与软轴外轮廓啮合，带动软轴在成形轴套内移动，从而使与门窗玻璃相连接的滑动支座沿着支架机构中导轨上下运动，从而达到升降玻璃的目的。

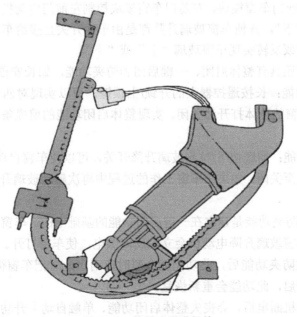

图 5-22　软轴式举升机构

2. 电动车窗的控制按钮

图 5-23 所示为电动前车窗控制按钮,该功能在点火开关置于 ACC 或 ON 挡时启用。电动车窗由驾驶员侧左前门或右前门上的开关所控制。图 5-23 所示为驾驶员侧左前车门,箭头所指处的两个按钮可同时控制左右前门上的玻璃升降。左侧开关控制左前门车窗,右侧开关控制右前门车窗。

如果要降下车窗,按下开关保持即可。如果要升高车窗,将开关上扳并保持即可。如果要停止车窗运动,放松该开关即可。

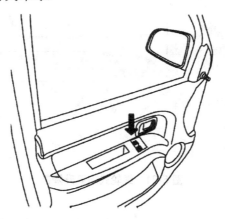

图 5-23 电动前车窗控制按钮

3. 电动车窗的工作原理与控制电路

如图 5-24 为电动车窗的基本电路原理图,左前车窗的电动机是由车窗开关发出"上"或"下"的指令给左前门车窗模块,左前门车窗模块控制左前门电动机继电器从而控制左前门电动机"上"或"下"。其他车窗玻璃升降都是由车窗开关直接给车窗继电器通电,从而控制车窗电动机正转或反转实现车窗玻璃"上"或"下"。

有些汽车的车窗还具有整体启闭、一键启闭和防夹功能,如长安福特的翼虎 C520。

(1) 整体启闭功能:长按遥控器上的开锁/上锁键,可以实现对四个车窗和天窗的同步控制,即可以实现车窗的整体打开和关闭。实现整体启闭功能的前提条件是所有车窗电动机都已经成功学习过。

(2) 一键启闭功能:彻底按下/拉起玻璃升降开关,可以使车窗自动下降直至彻底打开,或使车窗自动上升直至关闭。如果在车窗工作的过程中再次触动玻璃升降开关,则车窗升降会立刻停止。

(3) 防夹功能:防夹功能是建立在一键启闭功能的基础上的。车窗在关闭的过程中,如果遇到障碍物,则车窗玻璃升降电动机会立刻反向供电,使车窗打开。

在连续两次触发防夹功能后,此功能就会暂时取消,此时把车窗彻底关闭/打开,或关闭点火开关后再次开启,此功能会重新恢复。

在玻璃升降电动机断电后,会丧失整体启闭功能、单触自动上升功能和防夹功能,恢复这些功能必须对玻璃系统进行学习。

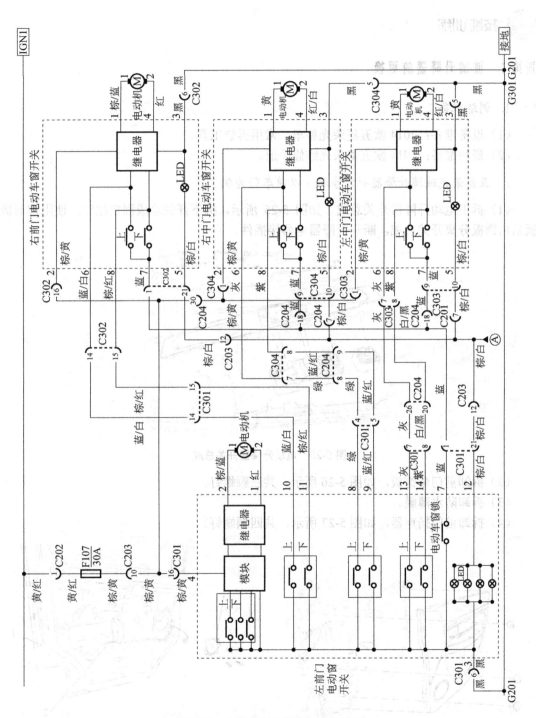

图 5-24 电动车窗的基本电路原理图

技能训练

训练1　玻璃升降器的更换

1. 训练准备

(1) 设备准备：2014款五菱荣光整车、常用拆装工具。

(2) 资料准备：2014款五菱荣光维修手册。

2. 五菱荣光玻璃升降器拆装步骤（以前车门为例）

(1) 拆下电动升降器开关总成。如图5-25所示，拆下开关总成固定螺钉，使用楔形撬板从内饰板分离开关总成，断开升降器电器接插件。

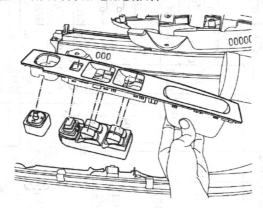

图 5-25　电动升降器开关总成

(2) 拆卸前门装饰板，如图5-26所示，共三颗螺钉。

(3) 拆卸防水薄膜。

(4) 拆卸前门扬声器，如图5-27所示，共四颗螺钉。

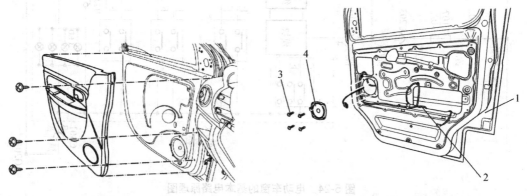

图 5-26　前门装饰板　　　　图 5-27　前门扬声器

1—车门；2—音响线束；3—螺钉；4—音响

(5) 拆卸车门内开手柄及拉杆总成。如图5-28所示，揭去内开手柄嵌框螺钉装饰盖，拆下固定螺钉，揭开内开手柄嵌框，露出拉杆连接端，然后用平刃工具分离内开手柄与拉杆，拆下车门内开手柄。

（6）拆卸玻璃升降器总成。如图 5-29 所示，松开玻璃升降器螺栓，断开玻璃升降器电器接插件，拆下玻璃升降器总成。

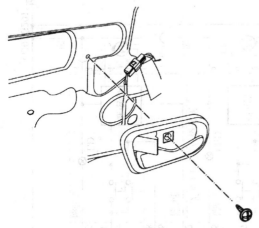

图 5-28　车门内开手柄及拉杆总成　　　　图 5-29　玻璃升降器总成

（7）按照与拆卸相反的顺序装配玻璃升降器。

训练 2　玻璃升降系统的检修

1. 训练准备

（1）设备准备：2014 款五菱荣光整车、汽车万用表、常用拆装工具。

（2）资料准备：2014 款五菱荣光维修手册。

2. 玻璃升降器工作原理

五菱荣光玻璃升降器工作电路如图 5-30 所示。

3. 左前车门窗玻璃升降器不能工作的故障诊断流程

1）工作原理

根据车门窗玻璃升降器电路分析左前车门升降器的工作原理如下：左前玻璃升降器开关处于上升或下降状态，都会给模块发出指令，模块控制车窗升降器继电器吸合，电流经过熔断器 F107→继电器开关→车门窗电动机，从而使车窗玻璃上升或下降。

2）故障原因

根据其原理，可以分析故障原因：可能是继电器、熔断器或开关等出现了故障。

（1）将点火开关置于 ON 挡，按下左前门电动车窗总开关，观察四个车门窗升降器工作_____（是否正常）。

（2）观察左前门车窗工作_____（是否正常）。

（3）检查左前门车窗主开关（图 5-31）测试点的位置和图 5-32 所示检测点，用万用表检测上升状态下 1 号和 2 号针脚的电压,测量数据为_____V,_____(工作是否正常,电动机是否正常);断开点火开关,用万用表测量电动机与主开关间的线路的电阻,测量数据为_____Ω,_____(是否连接完好)。

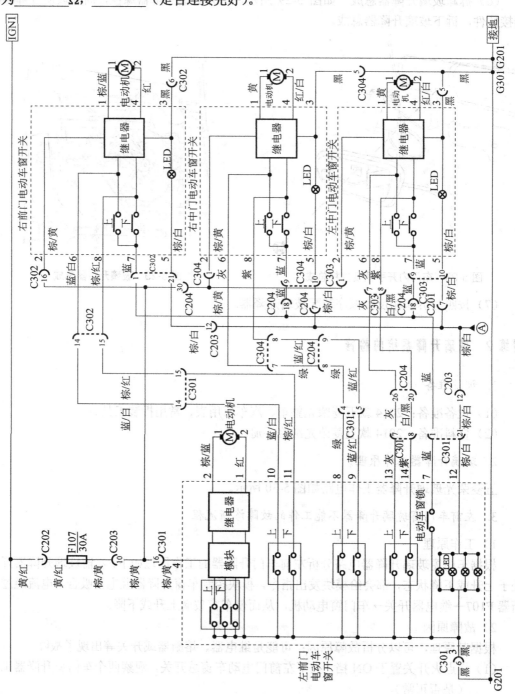

图 5-30　玻璃升降器工作电路图

电动车窗开关对应端子的颜色及功能如表 5-2 所示。

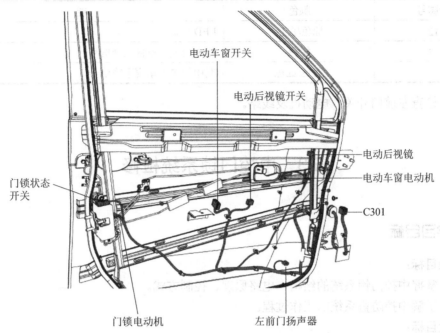

图 5-31 左前门线束

6	5	4	╳	3	2	1
14	13	12	11	10	9	8	7

12AH0816070

图 5-32 左前门电动车窗开关对应的端子

表 5-2 电动车窗开关对应端子的颜色及功能

针脚号	颜色	功能
1	棕色	左前门电动车窗下降信号
2	红色/白色	左前门电动车窗上升信号
3	黑色	接地
4	棕色/黄色	供电
5	—	未使用
6	—	未使用
7	蓝色	电动车窗锁信号
8	灰色	右中门电动车窗上升信号
9	紫色	右中门电动车窗下降信号
10	蓝色/白色	右前门电动车窗上升信号
11	棕色/红色	右前门电动车窗下降信号

续表

针脚号	颜色	功能
12	棕色/白色	LED 电源
13	绿色	左中门电动车窗上升信号
14	蓝色/红色	左中门电动车窗下降信号

(4) 检查左前门开关、电动机及线路。

5.3 中控门锁系统检修

 学习目标

知识目标：
(1) 掌握中控门锁系统的结构、电路原理、控制方式。
(2) 了解中控防盗系统的工作过程。

技能目标：
(1) 能根据维修手册对中控门锁进行更换。
(2) 能够根据电路图对中控门锁的故障进行检修。

 理论知识

1. 中控门锁的工作原理

现代轿车多数都选装了中央集控门锁（简称中控门锁），图 5-33 所示为中控门锁系统各部件的安装位置。中控门锁按结构形式的不同，一般有双向空气压力泵式和微型直流电动机式两种；按控制方式不同分为不带防盗系统的中控门锁和带防盗系统的中控门锁两种。在此，以不带防盗系统的微型直流电动机式中控门锁为例进行介绍。直流电动机式中控门锁通过控制直流电动机的正反转来实现门锁的开、关动作。它主要由门锁开关、双向直流电动机、传动机构、执行机构及继电器和导线等组成。

1) 电动中控门锁的功能

(1) 将驾驶员车门锁扣拉起时，其他几个车门及行李箱门都能同时打开；若用钥匙开门，也可实现该动作。

(2) 将驾驶员车门锁扣按下时，其他几个车门及行李箱门都能自动锁定；若用钥匙锁门，也可同时锁好其他车门和行李箱门。

(3) 在车内，个别车门需要打开时，可分别拉开各自的锁扣。

2) 基本工作原理

图 5-34 所示为中控门锁的基本工作电路。

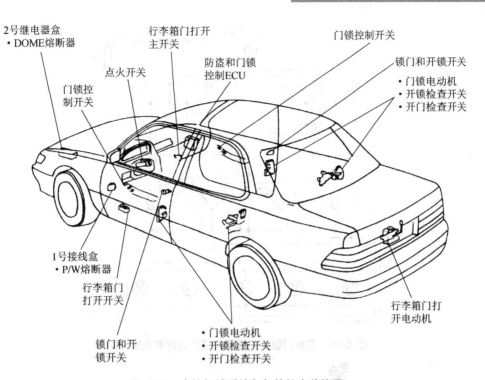

图 5-33 中控门锁系统各部件的安装位置

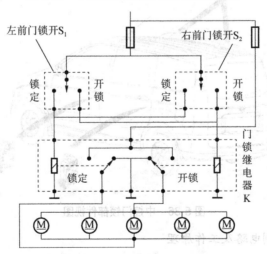

图 5-34 中控门锁的基本工作电路

当左前门锁开关置于开锁位置时,电路的电流流向如图 5-35 所示。

2. 五菱荣光中控门锁的安装位置

图 5-36 所示为中控门锁视图。中控门锁是由驾驶员侧车门来控制的,当驾驶员侧车门用钥匙或车门门锁控钮来上锁或开锁时,所有车门都会同时被上锁或开锁。

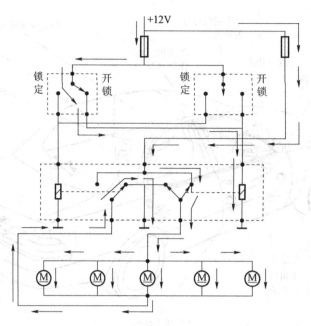

图 5-35 左前门锁开关置于开锁位置时的电流方向

图 5-36 中控门锁部件视图

3. 中控门锁的控制电路及工作原理

（1）图 5-37 所示为中控门锁的基本电路原理图。

（2）图 5-38 所示为中控门锁工作原理图。

（3）遥控功能：

利用中控门锁遥控器实现遥控功能。

① 所有门关到位，所有门关闭到位，按🔒键，则所有门上锁，喇叭响一声，转向灯闪两次；若门没关闭到位，按🔒键，喇叭响三声，方向灯闪三次，车门自动上锁。

② 按🔓键，所有车门开锁，转向灯闪一次，喇叭响两声。

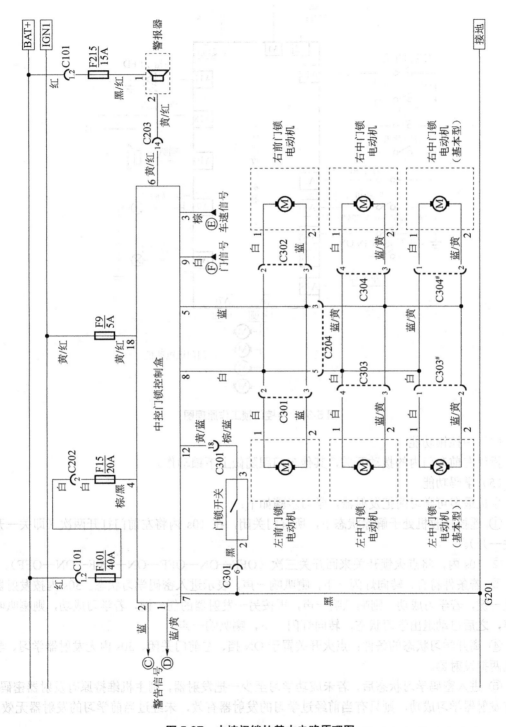

图 5-37 中控门锁的基本电路原理图

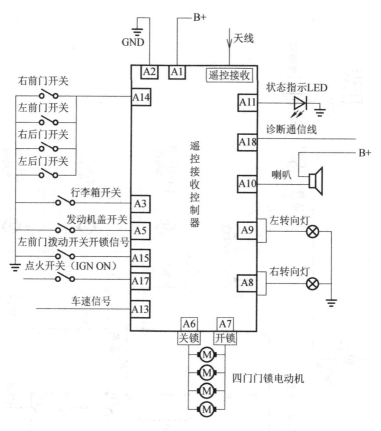

图 5-38 中控门锁工作原理图

（4）中控锁功能

操纵左前车门内的拨动开关，其他车门跟随做上下锁动作。

（5）学码功能

主机最多可学习两把发射器，学习步骤如下：

① 遥控接收机处于解除状态下，所有门关闭，在 10s 内将左前门打开两次（即关—开—关—开）。

② 10s 内，将点火锁开关来回开关三次（OFF—ON—OFF—ON—OFF—ON—OFF）。

③ 若条件符合，转向灯闪一下，喇叭响一声，表示进入密码学习状态。30s 内按发射器的任一键，若学习成功，则喇叭响一声，再按另一发射器的任一键，若学习成功，则喇叭响一声，之后自动退出学习状态，转向灯闪一下，喇叭响一声。

④ 离开学习状态的条件：点火开关置于 ON 挡、左前门关闭、30s 内无发射器学习、学习完两把发射器。

⑤ 进入密码学习状态后，若未成功学习至少一把发射器，则主机维持原有发射器密码。若有发射器学习成功，则只有当前经过学习的发射器有效，未经过当前学习的发射器无效。

4. 中央集控门锁遥控模块位置

如图 5-39 所示为中央集控门锁遥控模块位置。

第 5 章　检修汽车辅助电气设备系统

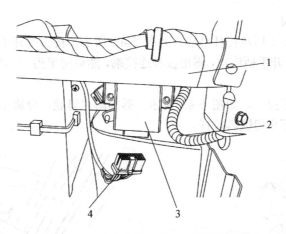

图 5-39　中央集控门锁遥控模块位置

1—仪表板横梁；2—线束总成；3—中控门锁模块；4—中控门锁线束插接器

 技能训练

训练 1　车门锁总成的更换

1. 训练准备

（1）设备准备：2014 款五菱荣光整车、常用拆装工具。

（2）资料准备：2014 款五菱荣光维修手册。

2. 车门锁总成的拆装步骤

（1）拆下电动升降器开关总成。如图 5-40 所示，拆下开关总成固定螺钉，使用楔形撬板从内饰板分离开关总成，断开升降器电器接插件。

（2）拆卸前门装饰板，如图 5-41 所示，共三颗螺钉。

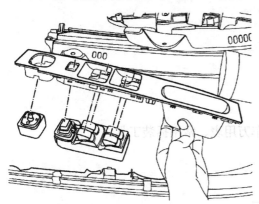

图 5-40　电动升降器开关总成

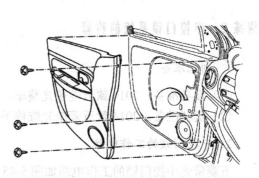

图 5-41　前门装饰板

111

(3) 拆卸防水薄膜。

(4) 拆卸车门内开手柄及拉杆总成。如图 5-42 所示，揭去内开手柄嵌框螺钉装饰盖，拆下固定螺钉，揭开内开手柄嵌框，露出拉杆连接端，然后用平刃工具分离内开手柄与拉杆，拆下车门内开手柄。

(5) 拆卸车门锁芯拉杆。如图 5-43 所示，拆卸防水薄膜，分离车门锁芯端拉杆，分离门锁总成端拉杆，拆下车门锁芯拉杆。

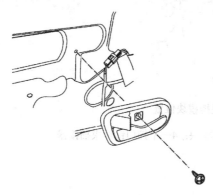

图 5-42 车门内开手柄及拉杆总成

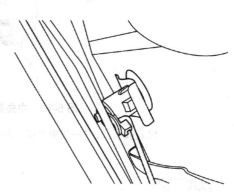

图 5-43 车门锁芯拉杆

图 5-44 车门锁总成

(6) 断开中控门锁电器接插件，如图 5-44 所示，松开车门锁总成螺栓，拆下车门锁总成。

(7) 安装车门锁总成至车门，如图 5-44 所示，并连接中控门锁电器接插件，安装并紧固门锁总成螺栓至 7~9N·m。

(8) 安装车门门外开手柄总成拉杆。

(9) 安装车门锁芯拉杆。

(10) 安装车门内开拉杆。

(11) 安装车门锁定拉杆。

(12) 安装防水薄膜。

(13) 安装车门内饰板。

训练 2　中控门锁系统的检修

1. 训练准备

(1) 设备准备：2014 款五菱荣光整车、汽车万用表、常用拆装工具。

(2) 资料准备：2014 款五菱荣光维修手册。

2. 中控门锁的工作电路

五菱荣光中控门锁的工作电路如图 5-45 所示。

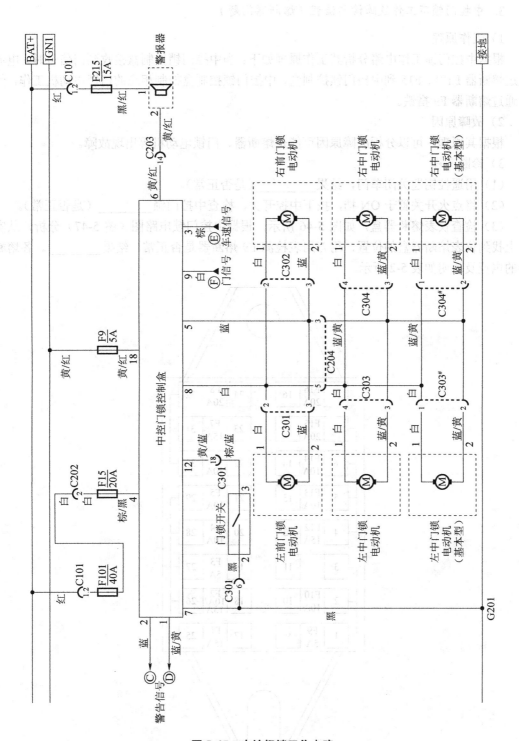

图 5-45 中控门锁工作电路

3. 中控门锁不工作故障诊断流程（熔断器问题）

1）工作原理

根据中控门锁工作电路分析其工作原理如下：当中控门锁控制盒接收到门信号时，电流经过熔断器 F101、F15 到中控门锁控制盒，中控门锁控制盒控制相应的门锁电动机工作，然后通过熔断器 F9 搭铁。

2）故障原因

根据其原理，可以分析故障原因可能是熔断器、门锁电动机等出现故障。

3）诊断流程

（1）用遥控钥匙关闭车门，结果_____（是否正常）。

（2）将点火开关置于 ON 挡，按下中控开关，检查中控门锁_____（是否正常）。

（3）检查仪表熔断器盒，如图 5-46 所示，根据中控门锁电路图（图 5-47）分析，从实车上找到仪表熔断器盒的位置，用万用表检测 F9 熔断器是否正常，结果_____。各熔断器的电流及说明如表 5-2 所示。

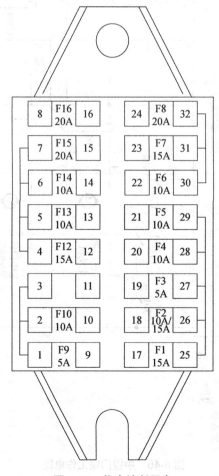

图 5-46　仪表熔断器盒

表 5-2　熔断器的电流及说明

熔断器	电流/A	说明
F1	15	前刮水器
F2	15/10	倒车灯（豪华型为 15A）
F3	5	后视镜
F4	10	顶蒸发器
F5	20	除霜
F6	10	收放机
F7	15	点烟器
F8	20	车载电源
F9	5	组合仪表
F10	10	安全气囊
F12	15	顶灯
F13	15	警告灯
F14	10	制动灯（仅 1.2L 和 1.4L 发动机上有）
F15	20	中控门锁
F16	30	起动电动机

（4）如果熔断器不正常，则更换熔断器。

课后习题

一、填空题

1．刮水器电动机有_____式和_____式两种。

2．风窗玻璃洗涤器主要由_____、_____、_____及_____等组成。

3．五菱荣光汽车的刮水器、洗涤器开关有_____、_____、_____及_____四个工作挡。

4．常见的电动车窗升降机构有_____、_____和_____几种。

5．绳轮式玻璃升降器由小齿轮、_____、钢丝绳、_____、滑轮、带轮、座板齿轮组成。

6．中央门锁按结构形式不同，一般有_____和_____两种。

二、判断题（正确的打"√"，错误的打"×"）

1．使用风窗玻璃洗涤器时，应先开动刮水器，然后再开动洗涤液泵。　　　（　）
2．五菱荣光的中控门锁是由副驾驶员侧车门来控制的。　　　（　）
3．五菱荣光的电动前车窗控制按钮，该功能在点火开关位于"ACC"或"ON"时启用。
　　　（　）
4．汽车的电动门窗开关，由主控开关和分控开关组成。　　　（　）

5．五菱荣光的中控锁操纵左前车门内的拨动开关，其他门跟随作上下锁动作。
（ ）

三、选择题（将正确答案的序号填在括号内）

1．五菱荣光汽车的刮水器的电源（   ）。
  A．由点火开关直接控制　　　　　B．经点火开关由中间继电器控制
  C．只受刮水器开关控制

2．带有间歇档的刮水器在下列情况下使用间歇挡（   ）。
  A．大雨天　　　　B．中雨天　　　　C．毛毛细雨或大雾天

3．五菱荣光的电动前车窗控制按钮，该功能在点火开关位于（   ）时启用。
  A．ACC　　　　B．ON　　　　C．ACC 或 ON

4．五菱荣光的中控锁，当驾驶员侧车门用钥匙或车门门锁钮来上锁或开锁时，所有车门都会同时被（   ）。
  A．上锁或开锁　　　B．只会上锁　　　C．只会开锁

四、简答题

1．如何调整电动刮水器橡皮刷的停止位置？
2．如何调整风窗玻璃洗涤器的喷水位置？
3．简述刮水器的自动复位原理。
4．写出中控门锁不工作故障的诊断流程。

第 6 章　认识其他系统

（1）能够了解信息娱乐系统的作用、组成及各主要部件的功能。
（2）能够了解安全气囊系统的作用和组成。
（3）能够了解巡航系统的作用和使用方法。
（4）能够了解电动天窗后视镜系统的作用。

6.1　信息娱乐系统介绍

知识目标：
（1）掌握车载收音机的安装位置、使用方法。
（2）掌握倒车影像系统的作用、组成。
技能目标：
（1）能够使用车载收音机。
（2）能够正确识别倒车影像。

1. 车载收音机

1）车载收音机简介

AM/FM 收音机是汽车上最早采用的一种语音娱乐配置，也是车载影音娱乐系统最常见的配置之一。现在汽车上基本都配备有车载收音机，如图 6-1 和图 6-2 所示。相对于普通收音机，车载收音机做工精良，调频兼有中波，并且功率较大。

2）使用方法

POWER/VOL：按下去是开关，旋转是音量。
AST：长按此键自动存储收音机电台。

SCAN：浏览、扫描之意。该键的作用是快速搜索电台。浏览播放，每一个频率会播放一会儿后跳至下一个频率，如此循环，再按此键收听当前电台。

图 6-1　常见车载收音机（一）

图 6-2　常见车载收音机（二）

2. 倒车影像

倒车影像又称泊车辅助系统，或称倒车可视系统、车载监控系统等，英文名称为 Reverse Image。该系统广泛应用于各类大、中、小车辆倒车或行车安全辅助领域。

1）倒车影像系统的组成

倒车视频影像就是在车尾安装了倒车摄像头，当挂入倒挡时，该系统会自动接通位于车尾的摄像头，将车后状况显示于中控或后视镜的液晶显示屏上，如图 6-3 所示。

图 6-3　倒车摄像头和显示屏

倒车影像监视系统与全方位的倒车雷达相比，更加直观和实用。倒车雷达是依靠回音探测距离并以通过不同频率的声音进行提示的，但只凭声音提示显然没有视觉直观，并且对声音的判断也必然存在误差。而倒车影像视频使车后状况一览无余，使驾驶员更放心，更安全。

第 6 章　认识其他系统

而更高级的倒车视频影像可以在显示器上标注两根倒车诱导导向线，如图 6-4 所示，方向盘转动，倒车曲线就随着转动，从而准确地描出倒车的轨迹。

图 6-4　倒车影像

2）其他介绍

汽车倒车影像是一个系列整体的系统，也可以由摄像装置和车载显示器组成。当然 360°全景可视系统弥补了之前只能通过雷达或者单一的后视摄像头提供的影像。全景可视系统可以有四路视频输出，即前、后、左、右。将摄像头安装在车前、车尾及后视镜的下面，由遥控控制，能自动切换画面，视频可以由四个视频组成，也可以由单一的视频组成，从而增加行车的防盗监控与行车安全。

倒车影像系统，即使在晚上通过红外线也能看得一清二楚，如图 6-5 所示。专业车载摄像头的防磁、防震、防水、防尘性能均有进一步的提升。车载显示器采用 TFT 真彩，经过防磁处理，无信号干扰、无频闪，可接收两个视频，能够播放 VCD、DVD，且不用解码器。车载显示器还具有倒车可视自动水平转换、自动开关的功能。仪表台、内视镜式显示器通过车后的车载摄像头可将后面的信息清晰显示。也可同时安装两个倒车后视摄像头，达到倒车时无盲区的目的。

图 6-5　夜间倒车影像

360°全景倒车影像，是一套通过车载显示屏幕观看汽车四周 360°全景融合、超宽视角、无缝拼接的适时图像信息（鸟瞰图像），了解车辆周边视线盲区，帮助汽车驾驶员更为直观、更为安全地停泊车辆的泊车辅助系统，如图 6-6 所示，又叫作全景泊车影像系统或全景停车影像系统（有别于目前市面上把汽车四周画面在显示屏幕上进行分割显示的全景系统）。

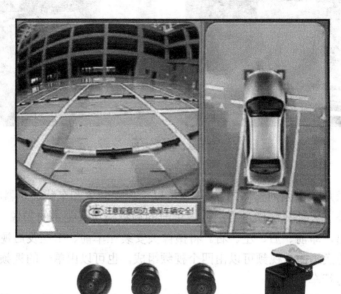

图 6-6　全景倒车影像

6.2　安全气囊系统介绍

了解安全气囊系统的作用和组成。

安全气囊系统的全称是辅助防护系统或辅助防护安全气囊系统（SRS），是指低速行驶发生冲撞时，系统只使用安全带便足够保护驾乘人员安全，不用浪费气囊；如果行驶速度大于 30km/h 而发生冲撞时，安全带和气囊同时动作，以便保护驾乘人员的安全。

1. 安全气囊的工作原理

当汽车发生正面碰撞事故时，安全气囊系统检测到冲击力（减速度）超过设定值时，安全气囊微处理器（ECU）立即接通充气元件中的电爆管电路，点燃电爆管内的点火介质，火焰引燃点火药粉和气体发生剂，产生大量气体，在 35ms 的时间内将气囊充气，使气囊急剧膨胀，冲破方向盘上装饰盖板鼓向驾驶员和乘客，使驾驶员和乘客的头部和胸部压在充满气体的气囊上，缓冲对驾驶员和乘客的冲击，随后又将气囊中的气体放出。具体的工作过程如图 6-7 所示。

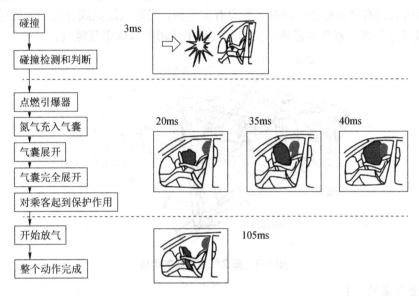

图 6-7　安全气囊系统工作过程

2. 安全气囊的作用

安全气囊可将撞击力均匀地分布在头部和胸部，防止脆弱的乘客肉体与车身产生直接碰撞，大大减少受伤的可能性，如图 6-8 所示。当遭受正面撞击时，安全气囊能有效地保护乘客，即使未系上安全带，防撞安全气囊仍足以有效减低伤害。

图 6-8　安全气囊的作用

此外，气囊爆发时的音量大约只有 130dB，在人体可忍受的范围内。气囊中 78% 的气体是氮气，十分安定且不含毒性，对人体无害。气囊爆发时带出的粉末是维持气囊在折叠状态下不黏在一起的润滑粉末，对人体也无害。

3. 安全气囊系统的组成

安全气囊系统主要由传感器、微处理器、气体发生器和气囊等主要部件组成，如图 6-9

所示。传感器和微处理器用以判断撞车程度,传递及发送信号。气体发生器根据信号指示产生点火动作,点燃固态燃料并产生气体向气囊充气,使气囊迅速膨胀。气囊装在方向盘毂内紧靠缓冲垫处,其容量约50～90L,制作气囊的布料具有很高的抗拉强度,多以尼龙材质制成,折叠起来的表面附有干粉,以防安全气囊黏着在一起,在爆发时被冲破;为了防止气体泄漏,气囊内层涂有密封橡胶;同时气囊设有安全阀,当充气过量或囊内压力超过一定值时会自动泄放部分气体,避免乘客挤压受伤;气囊中所用的气体多是氮气。

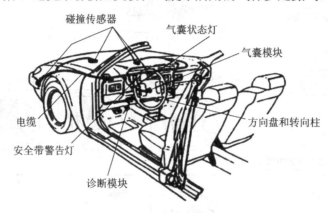

图6-9 安全气囊系统的组成

4. 安全气囊的分类

按位置不同,安全气囊分为驾驶员用气囊、前排乘客用气囊、后排乘客用气囊、侧面防撞用气囊、下肢用安全气囊、车外安全气囊等几种类型,如图6-10所示。

(a) 驾驶员用气囊

(b) 乘客用气囊

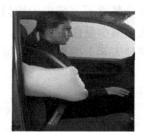
(c) 侧面防撞用气囊

(d) 下肢用安全气囊

(e) 窗帘式安全气囊

(f) 车外安全气囊

图6-10 常见的几种安全气囊

5. 安全气囊发展史

安全气囊从 1952 年就取得了专利，但在应用推广中经历了很多波折，足足走过 30 多年的漫长路程。直至 1984 年，汽车碰撞安全标准（FMVSS208）在美国经多次被废除后重新被认可并开始实施，其中规定从 1995 年 9 月 1 日以后制造的轿车前排座前均应装备安全气囊，同时还要求 1998 年以后的新轿车都装备驾驶者和乘客用的安全气囊，自此才确认了安全气囊的作用。如今，这个在当年颇具创意性的发明已转为千百万个产品，种类也发展为正面气囊、侧面气囊、安全气帘等。各国生产的中高级轿车，大多数都装有安全气囊，有些轿车已将安全气囊列入必装件。在国内，随着 CMVDR294《关于正面碰撞乘客保护的设计规则》的实施，国内消费者对汽车被动安全性能的要求也越来越高，但目前除了极少数高级车装备了侧面气囊之外，如图 6-11 所示，大部分车型还只是安装了正面气囊。

图 6-11 安全气囊分布图

6. 注意事项

1）安全气囊为一次性产品

每个气囊只能使用一次，气囊只要引爆就不再具有保护的能力，也不能塞回去再使用，因此引爆后须回厂换一个新的气囊。在美国，重新装置一套新气囊和感应系统及整组 ECU 控制器，一般需要 3 000 美元左右。

2）不要在气囊的前方、上方或近处放置物品

不要在气囊的前方、上方或近处放置物品，因为在紧急时刻这些物品有可能妨碍气囊充气或被抛射出去，造成更大的危险。在车室内安装收音机、CD 机等附件时，要遵照汽车生产厂家的规定，不要随意修改属于安全气囊系统的零件及线路，否则会影响气囊工作。

3）何时应考虑关闭气囊

在乘坐者中若有儿童应格外引起关注。由于气囊充气可能使前排儿童产生意外危险，所以最好把儿童安排在后排中间位置，并固定好。在副驾驶位无人或必须坐儿童的情况下，应考虑关闭气囊开关。

4）何时需要修理气囊

要注意观察位于仪表盘上的安全气囊警告灯。在正常情况下，点火开关置于 ACC 或 ON 挡时，警告灯会亮大约 6s，进行自检，然后熄灭。若警告灯一直亮，则表明安全气囊系统有故障，应立即进行修理，否则，有可能出现气囊不起作用或误弹出的情况。

6.3 巡航控制系统介绍

 学习目标

知识目标：
掌握巡航控制系统的作用。
技能目标：
能够正确使用定速巡航控制系统。

 理论知识

巡航控制系统（Cruise Control System，CCS），又称为定速巡航行驶装置、速度控制系统、自动驾驶系统等。

1. 定速巡航控制系统的作用

巡航控制系统是一种利用电子控制技术保持汽车自动等速行驶的系统，如图 6-12 所示。其主要作用是可以按照驾驶者的需求进行车辆时速的锁定，不用踩加速踏板就可自动保持一个固定时速行驶，在高速公路行驶时，利用该系统驾驶者可有效地减轻身体疲劳，同时减少了不必要的车速变化，而车辆在匀速行驶下还能节省燃油消耗。

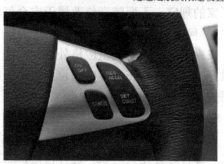

图 6-12　常见的定速巡航操作装置

2. 定速巡航控制系统的工作原理

由巡航控制组件读取车速传感器发来的脉冲信号与设定的速度进行比较，从而发出指令由伺服器机械地调整节气门开度的增大或减小，以使车辆始终保持所设定的速度，如图 6-13 所示。电子式多功能定速巡航系统摒除了拉线式定速巡航器的机械控制部分，完全采用精准电子控制，使控制更精确，避免了机械故障的风险。

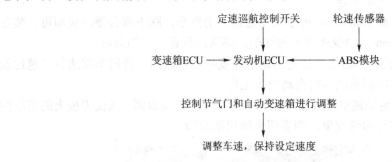

图 6-13　定速巡航控制系统的工作原理

3. 定速巡航的使用方法

1）设定巡航速度

为确保行车安全，巡航系统的低速控制点一般为 40km/h，也就是说车速低于 40km/h 时巡航系统不工作。设定巡航速度的方法：第一，开启巡航控制系统，按下 CRUISE 按键，如图 6-14 所示，踩下加速踏板，使车辆加速。第二，当车速达到人为设定值时，将巡航系统手柄置于 SET/COAST 方位并释放，就进入了自动行驶状态。此时驾驶员可将加速踏板释放，巡航系统会根据汽车行驶时阻力的变化，自动调节节气门的开度，使车速保持在设定的范围内。若驾驶员想加速，如超越前方的车辆时，只要踩下加速踏板即可。超车完毕后再释放加速踏板，汽车便又恢复到已设定的巡航速度行驶。

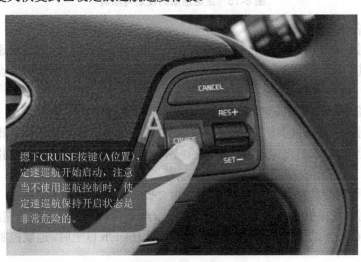

图 6-14　开启定速巡航

注意：按下CRUISE按键（A位置），定速巡航开始启动，此时注意在不使用巡航控制的情况下，使定速巡航保持开启状态是非常危险的。

2）取消设定巡航速度

当需取消设定的巡航速度时，有以下几种方法可供选择。

（1）将巡航系统操纵手柄置于CANCEL方位并释放，如图6-15所示。

（2）踩下制动踏板使汽车减速。

（3）装备MT（Manual Transmission手动变速器）的汽车，踩下离合器踏板即可；装备AT（Automatic Transmission自动变速器）的汽车，将选挡杆置于空挡即可。

若汽车的行驶速度低于40km/h，设定的巡航速度将自动取消；若汽车减速后车速比设定的巡航车速低时，巡航控制系统也将自动停止工作。

此外，汽车行驶时设定的巡航速度如不是由上述原因而自动取消，或仪表板上的巡航控制CRUISE开关指示灯出现闪烁现象，则表明系统出现故障。

图6-15 定速巡航的设定与取消

3）设定装备AT的汽车加速

将巡航控制系统操纵手柄置于RES/ACC方位并保持手柄不动，此时车速将逐渐加快，当车速达到要重新设定的巡航速度时释放手柄。这种加速的方法与前面所述设定巡航速度的操作方法相比，所用的时间较长。

4）设定装备AT的汽车减速

将巡航控制系统的操纵手柄置于SET/COAST的方位并保持手柄不动，此时车速将逐渐减慢，当车速降至所要求的设定速度时释放操纵手柄。这种减速方法与踩制动踏板减速相比，减速度要小。

5）恢复到原来设定的巡航速度

将巡航控制系统操纵手柄置于RES/ACC方位，汽车可恢复到原设定的速度做巡航行驶。当车速已降至40km/h以下或低于设定速度的差值在16km/h以上时，巡航控制系统自动停止工作。

4. 注意事项

（1）为了保证行车安全，在交通繁忙的道路上或遇到雨、雪、大雾天气时，不要使用巡航控制系统。

（2）为了避免巡航控制系统误工作影响驾驶安全，在不需要巡航控制系统时，应将巡航控制系统的主开关关闭。

（3）在较陡的坡道上行驶时，不宜使用巡航控制系统。

（4）使用巡航控制系统时要注意观察仪表板上的巡航（CRUISE）指示灯是否点亮，若点亮说明巡航系统有故障，须排除故障再使用巡航控制系统。

6.4 后视镜、天窗系统介绍

知识目标：
（1）掌握后视镜电动调节方法。
（2）掌握天窗电动调节方法。

技能目标：
（1）能够电动调节后视镜。
（2）能够电动调节天窗。

1. 后视镜

1) 后视镜的作用

后视镜是驾驶员坐在驾驶室座位上直接获取汽车后方、侧方和下方等外部信息的工具。它起着"第二只眼睛"的作用，扩大了驾驶者的视野范围。

2) 后视镜的分类

（1）按用途不同，后视镜可分为外后视镜、下后视镜和内后视镜三类，如图 6-16 和图 6-17 所示。其中内后视镜反映汽车后方及车内情况，外后视镜反映汽车后侧方情况，下后视镜反映汽车前下方情况。

（2）按镜面形状不同，后视镜可分为平面镜、球面镜和双曲率镜面三种。

（3）按反射膜材料不同，后视镜可分为铝镜、铬镜、银镜、兰镜（涂层）四种。

3) 后视镜电动调节

（1）电动后视镜的组成。后视镜主要由调整开关、双电动机、传动和执行机构、外壳及连接件等组成，如图 6-18 所示。

图 6-16 内后视镜

图 6-17 外后视镜与下后视镜

图 6-18 电动后视镜

（2）后视镜电动调节

后视镜电动调节是指对于车外两侧的后视镜，在需要调节视角时驾驶员可以不必下车，在车内通过电动按钮（图 6-19）就可以调节。电动按钮一般设计在方向盘左侧，可以对左右两侧的后视镜进行调节。

图 6-19 后视镜电动调节开关

2. 电动天窗

汽车电动天窗是指安装于汽车顶部主体材料为玻璃的车身部件，该部件有一部分能够利用电动机驱动并通过传动机构将天窗玻璃沿滑槽前后移动、倾斜启闭，且能按要求停留在任意位置。

1）电动天窗的分类

电动天窗安装于车顶，利用电动机驱动，按下开关按钮天窗就会自动打开或关闭，能够有效地使车内空气流通，增加新鲜空气进入。

天窗的作用是开阔视野，也常用于满足移动摄影摄像的拍摄需求。汽车天窗可大致分为外滑式（图6-20）、内藏式（图6-21）、全景式（图6-22）和窗帘式等几种类型。

图 6-20　外滑式天窗

图 6-21　内藏式天窗

图 6-22　全景式天窗

2）电动天窗的组成和工作原理

汽车电动天窗主要由滑动机构、驱动机构、开关、控制系统（主要包括 ECU、限位传感器)、电动机、传动机构、滑动螺杆、导向销、导向块、连杆、托架、(前、后)枕座等组成。

电动天窗的工作过程如图 6-23 所示。

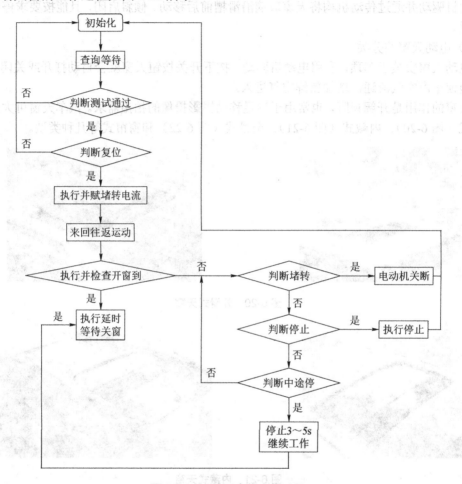

图 6-23 电动天窗的工作过程

3) 电动天窗的开关

电动天窗的开关由控制开关和限位开关组成。

(1) 控制开关。控制开关主要包括滑动开关和斜升开关,如图 6-24 所示。滑动开关有滑动打开、滑动关闭和断开(中间位置)三个挡位。斜升开关也是有斜升、斜降和断开(中间位置)三个挡位。通过操作这些开关,天窗驱动机构的电动机实现正反转,在不同状态下正常工作。

(2) 限位开关。限位开关主要用来检测天窗所处的位置。限位开关通过凸轮转动来实现断开和闭合,凸轮安装在驱动机构的动力输出端。当电动机将动力输出时,通过驱动齿轮和滑动螺杆减速以后带动凸轮转动,于是凸轮周边的凸起部位触动开关使其开闭,从而实现对天窗的自动控制。

图 6-24　电动天窗开关

天窗在滑动关闭和向下关闭的过程中都具有防夹功能,电动天窗设有未关闭报警功能。

4)电动天窗新技术太阳能天窗

太阳能天窗即在天窗玻璃下设置太阳能电池,可以对蓄电池充电保证蓄电池电量充足,也可以驱动车载空调系统,在驻车时保持车内较适宜的温度。

参 考 文 献

[1] 汤定国. 汽车发动机构造与维修 [M]. 北京：人民交通出版社，2005.
[2] 曹红兵. 汽车发动机电控技术原理与维修 [M]. 北京：机械工业出版社，2008.
[3] 张葵葵. 电控发动机原理与检测技术 [M]. 北京：机械工业出版社，2007.
[4] 赵振宁. 电控发动机原理与检修 [M]. 北京：北京理工大学出版社，2008.
[5] 仇雅莉. 汽车发动机构造与维修 [M]. 3版. 北京：机械工业出版社，2014.
[6] 吴宗保. 汽车发动机电控系统维修实训 [M]. 北京：机械工业出版社，2009.
[7] 徐家龙. 柴油机电控喷油技术 [M]. 北京：人民交通出版社，2004.
[8] 李春明. 汽车发动机燃油喷射技术 [M]. 北京：北京理工大学出版社，2008.